ANDERSON BIRMAN

A CADA PASSO

EM DEPOIMENTO A ARIANE ABDALLAH

CAPA E PROJETO GRÁFICO
GB65
Giovanni Bianco

GB65 EQUIPE
Cecilia Wagner
Zeh Henrique

FOTO DE CAPA E CONTRACAPA
Gui Paganini

REVISÃO
3 GB Consulting

Dados Internacionais de Catalogação na Publicação (CIP)
Angélica Ilacqua – Bibliotecária – CRB-8/7057

Birman, Anderson
    A cada passo / Anderson Birman ; organizado por Ariane
Abdallah. — Porto Alegre : Citadel, 2023.
    288 p. : il., color.

ISBN 978-65-5047-257-3

1. Birman, Anderson – Biografia I. Título II. Abdallah, Ariane

23-5189   CDD 920.71

Dedico este livro ao professor José Ernesto Bologna,
que me transformou em um homem melhor.

CRÉDITOS DE FOTOS

p. 2, 138, 261, 270 e 271 **Gui Paganini**

p. 6, 16, 17, 37, 42, 43, 126 e 127 **Guimarães Profissionais**

p. 15, 23, 46, 88, 89, 90, 103, 109, 140, 141, 167, 169, 186, 234, 243, 249, 257, 262 e 285 **Jéssica Nicole Oliveira**

p. 28, 29 e 53 **Andreas Pedro Grings**

p. 19, 67 e 117 **Acervo Arezzo**

p. 33 3D **Luiza Maraschin**

p. 80, 81, 263, 265, 278 e 279 **Acervo de família**

p. 148 **Ayano Hisa**

p. 173 **Marcos Bravo**

p. 74, 75, 77 e 183 **Elisa Mendes**

p. 191 **Guilherme Leporace**

p. 225 **Murillo Meirelles**

DETALHE DO PROCESSO DE CRIAÇÃO DE UM SAPATO

SUMÁRIO

CAP. 01	FUNDAÇÃO E ESTRUTURAÇÃO	24
CAP. 02	A ERA INDUSTRIAL	68
CAP. 03	A ERA DO VAREJO	86
CAP. 04	A ERA CORPORATIVA	122
CAP. 05	UMA REFERÊNCIA NO SETOR	146
CAP. 06	O MAIOR NEGÓCIO DE SAPATOS DO BRASIL	166
CAP. 07	DURANTE A PANDEMIA DE COVID-19	198
CAP. 08	APRENDIZADOS DE UM EMPREENDEDOR	214
CAP. 09	MEMÓRIAS E REFLEXÕES	244
CAP. 10	OLHAR PARA O FUTURO	280

ANDERSON BIRMAN

AGRADECIMENTOS

Agradeço à minha mãe, dona Ruth, pela vida e por até hoje me cuidar e ensinar tanto.

Aos meus filhos – Alexandre, Patricia, Allan, André e Augusto –, que sempre me motivaram a seguir em frente mesmo nos momentos difíceis e hoje dão continuidade ao que comecei, me apoiando nesta nova etapa da vida.

Às minhas ex-esposas, Lucinha e Maythe, pelas parcerias que me fizeram mais forte e confiante em momentos cruciais da minha história.

Ao meu pai, que já não está entre nós, mas foi o responsável por termos encontrado o ofício de sapateiro, de quem herdei a persistência e a vontade de vencer.

Ao meu irmão Jefferson, que começou a Arezzo comigo e caminhou ao meu lado nos anos em que construímos a base desta grande empresa. E ao meu irmão Vinicius, que nos deixou cedo.

À Renata Oliveira, minha secretária, pelo incentivo e insistência para que eu começasse este projeto antes mesmo de saber o que ele poderia se tornar.

À Rosa Dalcin, assessora de imprensa, por ter me apresentado à Ariane Abdallah, jornalista que tornou possível a escrita deste livro e que me despertou tanta paixão pela minha própria história.

Ao Giovanni Bianco, meu amigo e diretor de arte que está conosco há mais de duas décadas, e foi quem me convenceu a publicar este livro.

Aos meus amigos José Murilo Procopio de Carvalho e Arquimedes Nascentes Coelho, pela amizade de uma vida.

Agradeço, mais uma vez, ao professor Bologna, por ter me ensinado tantas lições importantes, como ser um homem mais lúcido, calmo e menos ansioso.

Agradeço também a cada pessoa que trabalhou ou trabalha na Arezzo&Co, aos parceiros, investidores, fornecedores, conselheiros e consultores. Obrigado a todos vocês por me ajudarem a construir esta história e a levá-la a patamares a que, sozinho, eu não poderia chegar.

UMA HISTÓRIA

QUE TALVEZ NUNCA FOSSE LIDA

A proposta era inusitada: fazer inúmeras entrevistas com a mesma pessoa, sobre temas diversos ligados principalmente à sua vida profissional, para... para que exatamente mesmo? Um livro? Publicações nas redes sociais ou em veículos de imprensa? Para um documento institucional?

Nada disso.

O objetivo ali não era o resultado das entrevistas, mas o processo em si.

Não haveria prazos, apenas encontros marcados e recorrentes, rotina inspirada na leitura do livro *O poder do hábito*, best-seller de Charles Duhigg, que discorre sobre o que o próprio título diz.

A disciplina intrínseca à rotina de reuniões, com uma hora de duração e pautas previamente elaboradas, levaria a reflexões e traria à tona lembranças durante as conversas. Mas não estaríamos ali para pressionar o despertar de memórias, para atender a uma lista de assuntos pré-determinados nem prazos, tampouco para ter um produto ao final de alguns meses.

Estávamos ali para compartilhar perguntas, respostas e reflexões sobre sua vida até ali. Os textos seriam elaborados de maneira avulsa e periódica, sem necessariamente se conectarem aos que vinham antes ou depois. Seriam notas do fundador de uma das maiores empresas do Brasil.

Mas por que e para que tudo isso?

Para mim, as premissas importam.

Minha conclusão, com o passar das primeiras semanas (depois meses e anos) foi: porque é importante olhar em perspectiva para uma vida vivida com intensidade – e sentir o impacto dela no presente. Para se ter registros de uma história de valor, a fim de não deixar os fatos e emoções se perderem no tempo.

Aquela proposta era a expressão de dizeres filosóficos que enfatizam que o caminho é mais importante que a chegada. Como respeito às sabedorias milenares, gostei do desafio. Em 8 de agosto de 2019, fiz a primeira entrevista com Anderson Birman, fundador da Arezzo&Co, no silencioso e elegante escritório em que ele passa parte de seus dias desde que deixou a presidência da empresa, em 2013.

Logo naquela primeira conversa, entendi que o desafio seria maior do que eu havia previsto. Anderson não gostou das perguntas que eu preparei e me disse isso com palavras diretas e certeiras. Falou que com o tempo eu o conheceria melhor e entenderia por que falar de conceitos de gestão e liderança, entre outros temas corporativos em alta na mídia, não combinava com seu estilo. Era preciso improvisar.

Bom, eu sei – e gosto de – improvisar. Meu interesse em ouvir e entender profundamente as pessoas sempre foi natural. Então, coloquei minha pauta de lado e dei voz à minha curiosidade.

Queria escutar o que ele tinha em mente. Conhecê-lo, além da imagem pública. "Por quê, Anderson?", perguntei algumas vezes, depois de suas breves declarações.

Não funcionou. Ele sabia que a pergunta nos levaria a camadas mais profundas de suas motivações e não estava, ainda, disposto a se expor. Para isso, já tinha seu terapeuta, afirmava. O que ele queria comigo era contar histórias e pensar sobre temas, instigado por perguntas objetivas.

Para evitar minha insistência, ele estabeleceu ali a regra mais cara que passaria a nortear nossas reuniões: "Sem papo cabeça". Perdi a conta de quantas vezes ouvi essa frase desde então. Depois de um tempo, passou a dizer que em breve poderíamos adentrar esse território. E já não me lembro exatamente do momento em que passamos a tratar os papos cabeças com naturalidade e parte da rotina. O vínculo de confiança estava construído e não foi preciso nenhum ritual de passagem para formalizá-lo.

Quase quatro anos e mais de uma centena de conversas depois (ele foi certamente a pessoa que entrevistei mais vezes na minha carreira), aprendi muito mais do que fazer perguntas diferentes. Pude ouvir histórias de um dos maiores empreendedores brasileiros, um dos precursores do modelo de franquia e fundador da maior fabricante de sapatos do país – o que, por si só, valeu como uma especialização em empreendedorismo e gestão. Mas, para além do conteúdo, o método que Anderson me propôs se revelou poderoso e ampliou minha perspectiva sobre o trabalho que faço.

Primeiro, por me mostrar que o hábito realmente tem poder. A constância nos encontros e dinâmicas criou quase vida própria. Depois de um tempo foi como se aquele dia e horário estivessem reservados no universo para nossas conversas. Então, ao chegar ao escritório de Anderson, sentia uma suspensão na correria habitual dos dias. Continuávamos de onde paramos ou iniciávamos assuntos do zero, encontrando um equilíbrio entre seguir o protocolo que estabelecemos e ouvir a intuição que nos é familiar.

O processo reforçou também minha crença no autoconhecimento. Quanto mais olhamos para dentro, mais temos para conhecer. Algumas vezes, Anderson brincou que minhas perguntas estavam acabando. Na verdade, elas só aumentaram – e admito que isso me surpreendeu. Tenho muito mais questões hoje, depois de ser conduzida por tantas memórias dele, do que tinha no início, quando minhas informações se limitavam ao que era público. Quanto mais mergulhamos, mais riqueza descobrimos. Mais portas fechadas se apresentam, e podemos escolher em quais e quando entrar.

Depois de viver a experiência, minha conclusão é que, quando a intenção é genuína, o resultado é grandioso (seja ele qual for). Nunca ninguém tinha me procurado sem um propósito externo para o trabalho. Em geral, as pessoas querem escrever um livro, artigos ou algum outro tipo de conteúdo para publicar. O fato de Anderson ter quebrado essa lógica nos permitiu acessar passagens e elaborar temas que dentro de um cronograma rígido talvez nunca encontrassem espaço. Quando ele me surpreendeu com a notícia de que tinha decidido publicar um livro, eu sabia que tínhamos em mãos o conteúdo mais completo e maduro que poderíamos alcançar.

Fico feliz por termos chegado até aqui quase distraídos. Por podermos agora compartilhar com você os relatos sinceros de um dos maiores empresários do Brasil. Tenho convicção de que a história de Anderson Birman e suas ideias poderão inspirar e iluminar o caminho de muito mais pessoas, como já fez comigo.

ARIANE ABDALLAH

DETALHE DO PROCESSO DE CRIAÇÃO DE UM SAPATO

ANDERSON BIRMAN

INTRODUÇÃO

A ideia era não escrever um livro. Esse era meu plano quando contratei a jornalista Ariane Abdallah para me entrevistar semanalmente, de preferência sempre no mesmo dia e horário. Um projeto que começou sem prazo para acabar.

Foi uma sugestão da Renata Oliveira, minha secretária, que passou para o computador algumas reflexões que fiz à caneta, organizou outros escritos mais antigos e, entre um compromisso e outro, às vezes de pé mesmo, ao lado da mesa e cheia de papéis nas mãos, escutava trechos das minhas histórias de vida. Embora tenha uma rotina atribulada (pela manhã, com meus compromissos pessoais; e à tarde, no escritório), não se compara a como já foi um dia, quando eu era o principal executivo da empresa que criei. Naquela época, não havia espaço na agenda nem para pensar na história, imagine, então, para contá-la? Mas desde que deixei a presidência da Arezzo&Co, em 2013, tenho mais tempo para mim, para minha família, para novas ideias, análises de investimentos, oportunidades de contribuir como filantropo, para relembrar o passado e refletir sobre a vida. A Renata, sempre cuidadosa e prestativa, se revelou também uma ouvinte

ANDERSON BIRMAN E ALGUNS CALÇADOS MASCULINOS

interessada. Para mim, ainda que de maneira esporádica e despretensiosa, era prazeroso compartilhar minhas memórias. Até que ela concluiu que o conteúdo exigia um ouvinte profissional. Um (ou uma) jornalista, talvez.

Inicialmente, achei a ideia sem fundamento. Jornalistas trabalham para publicar textos, e eu não queria publicar nada. Gostava da conversa informal, mas não tinha o desejo de publicar um livro, como já me havia sido sugerido por várias pessoas ao longo da vida. Para quê?, eu pensava. Vaidade? Não tenho essa. Prefiro que meu trabalho fale por si, e essa missão já estava cumprida. Mas a Renata é insistente, de maneira sutil. Com a convivência, aprendeu a observar meus sinais e aproveitar os momentos oportunos sem forçar a barra. "Alguém só para ouvir e registrar, sem compromisso", falava. Numa dessas vezes, eu disse: tudo bem, pode procurar alguém para esse trabalho.

Fui claro sobre o que gostaria de fazer e o que não gostaria desde o primeiro dia. Mas a Ariane custou um pouco a entender que a proposta era exatamente a que fechamos: entrevistas semanais, a escrita de textos independentes a partir dessas conversas – e só. Não havia plano de livro, eu repetia.

O que me fez mudar de ideia foi uma conversa com Giovanni Bianco, diretor criativo ítalo-brasileiro e internacionalmente reconhecido, que trabalha conosco há mais de 20 anos e que é um grande amigo. "Você precisa escrever um livro", ele começou, e, antes que eu pudesse interrompê-lo, continuou: "Você precisa compartilhar o que viveu, seus aprendizados, e ajudar outras pessoas. Alguém com tanta experiência não pode guardar para si o conhecimento acumulado. Há muita gente que adoraria ouvir sua história e conselhos". Eu ainda não tinha mudado de ideia, mas quando Giovanni começa a falar sobre algo que o entusiasma, ninguém o para. Então prosseguiu: "Você pode reverter todo o valor das vendas para alguma causa social, para quem mais precisa neste país". Diante desse último argumento, me calei. Aquilo fazia sentido. E foi assim que decidi doar todo o valor que me cabe das vendas deste livro à Casa Transitória, uma instituição espírita que frequento em São Paulo e com a qual colaboro, oferecendo consultoria estratégica voluntária para planejar o futuro da instituição. Havia um tempo que eu procurava maneiras de retribuir e contribuir com a sociedade, com dinheiro e com trabalho. Pensando nisso, talvez houvesse uma razão para falar abertamente sobre as minhas motivações ao longo da vida, sobre as experiências que construíram os primeiros 30 anos da Arezzo, as novas ideias que tenho em mente, agora com um distanciamento saudável do negócio e os cabelos mais brancos. Vaidade seria guardar tudo isso só para mim e não compartilhar sucessos, admitir falhas, assumir aprendizados. Quando mudo de ideia, mudo sem rodeios. No mesmo dia, liguei para a Ariane.

Já tínhamos um primeiro manuscrito do livro pronto: uma pasta com todos os textos escritos até o final de 2022, que ficava sobre minha mesa e eu já havia mostrado a algumas pessoas próximas — como fiz com Giovanni na continuação daquela conversa. Aquele foi o ponto de partida.

"NAQUELA ÉPOCA, NÃO HAVIA ESPAÇO NA AGENDA NEM PARA PENSAR NA HISTÓRIA, IMAGINE, ENTÃO, PARA CONTÁ-LA?"

O passo seguinte foi encontrar o editor. E foi um encontro mesmo o que aconteceu quando fiz a primeira reunião com Marcial Conte, fundador da Citadel – Grupo Editorial. Tivemos uma conversa emocionante, em que reconhecemos afinidade de valores e desenvolvemos imediatamente admiração mútua. O time estava completo.

A partir de então, meus encontros semanais com Ariane passaram a ser para a organização da estrutura de capítulos, revisão e ajustes dos textos, agora sob a perspectiva de fazê-los chegar às suas mãos da melhor maneira possível.

Ao avançar pelas próximas páginas, sinta-se convidado a entrar na minha sala para se juntar a nós. Sente-se no sofá, aceite um café, uma água ou um chá e permita-me relembrar um pouco do que vi, vivi, construí e pensei nesses últimos 69 anos.

Boa leitura!

ANDERSON BIRMAN

O OFÍCIO DE SAPATEIRO

CAPÍTULO 1: FUNDAÇÃO E ESTRUTURAÇÃO

Cresci ouvindo meu pai contar que todo judeu deveria ter um ofício. Podia ser sapateiro, joalheiro, livreiro ou outra profissão provavelmente terminada em "eiro", com a qual certamente encontraria trabalho em qualquer lugar do mundo, visto que era uma época em que se vivia com a perspectiva de guerra. Então, desde muito cedo, ele, eu e meu irmão mais velho procurávamos algum negócio que também fosse um ofício, em Belo Horizonte, onde vivíamos.

Eu, desde criança, tinha uma notável pré-disposição para o comércio. Era bom vendedor – característica que considero fundamental para se tornar empresário. Qualquer pessoa que queira empreender vai precisar, antes de tudo, saber vender o seu negócio. E aos 7 anos, eu tinha o meu primeiro produto: "Os ovos quentinhos da vovó". Era assim que eu os chamava, em voz alta, enquanto corria pelas ruas em busca de consumidores na vizinhança. Ainda sem saber, estava usando um recurso de marketing para atrair meus clientes, já que os ovos eram, obviamente, da galinha, que, por sua vez, era da minha avó. Mas soava mais afetivo resumir tudo dizendo que os ovos eram "da vovó". O que me movia naquela época era o desejo de ganhar dinheiro. Queria ficar rico. Simples assim. Uma vez disse isso ao meu pai, e ele me repreendeu severamente. Mas não me dissuadiu da ideia.

Comecei a andar com outros jovens que também vendiam diferentes produtos. Fiz tudo o que foi possível para que eu, ainda criança, pudesse ter meu próprio dinheiro. Vendi picolé, engraxei sapato. Até que comecei a comercializar pimentões e outras verduras produzidas na fazenda de uma tia. Montei uma vendinha no fundo da minha casa.

Aos 14 anos, meu objetivo ganhou um foco: queria comprar uma motocicleta (que acabei nunca comprando). O trabalho começou a ficar mais sério. Tornei-me vendedor de uma corretora que oferecia aos clientes fundos de investimento e da qual meu pai ficara sócio. Aos domingos, eu mudava de área e vendia dedetização.

Nós três (meu pai, eu e meu irmão) estávamos sempre em busca de novos negócios – ainda distantes de encontrar um ofício. Em família, montamos uma fábrica de saquinho de papel. Na época, nos anos 1970, houve uma crise grande do papel, quando já estávamos com as máquinas compradas. Tivemos que interromper o plano e nem chegamos a abrir a empresa.

Em paralelo, eu ia e voltava do Rio de Janeiro como "sacoleiro" de blusas de frio cacharrel, fabricada com Lycra, marca que entrou no Brasil em 1974. Meu irmão logo se juntou a mim, e vendíamos principalmente para nossas amigas. Como estávamos sempre viajando e já habituados à área comercial, conhecíamos muita gente e éramos bem relacionados.

Eram populares nessa época as "festinhas de final de semana" em Belo Horizonte. Nos preparávamos para a ocasião com roupas e acessórios comprados nas capitais paulista e fluminense. Certa vez, meu irmão comprou um sapato em São Paulo e foi com ele a um bar mineiro. Encontrou um fabricante de calçados, que gostou tanto do modelo no pé do meu irmão que pediu que ele fosse até sua fábrica para ele copiar.

Meu irmão não só foi como começou a frequentar a tal fábrica regularmente' para o sapateiro finalizar o trabalho. Acabou emprestando o calçado, que depois se perdeu pela indústria. Com tudo isso, foram meses de visitas – tempo suficiente para o gerente do lugar fazer uma proposta atraente para o meu irmão: "Você não quer montar uma fábrica de sapatos?".

O convite foi ao encontro do que buscávamos havia tanto tempo. Um bom negócio que abria a perspectiva de conquistarmos um ofício. Descobrimos que é muito difícil fazer sapato com look, segurança e conforto – os três pilares de qualidade que eu prezo. Inicialmente, não oferecíamos nenhum desses três elementos aos clientes. Um excelente fabricante mineiro dizia algo que me deixava com muita raiva, mas ao mesmo tempo me desafiava a ser melhor. "O que vocês fazem é um buraco de enfiar pé." Era assim que chamava os nossos primeiros sapatos.

Não nasci sapateiro, mas me tornei um com muito trabalho e dedicação. Se alguém perguntar para o meu filho Alexandre, que hoje dirige os negócios, "O que você é?", ele vai responder: "Eu sou sapateiro". Eu também. A única coisa que sei fazer na vida é sapato. E isso tem sido bastante coisa nas últimas cinco décadas. O suficiente para construir, modernizar e vislumbrar planos de longuíssimo prazo para a empresa que se tornou a líder do setor no Brasil.

"NÃO NASCI SAPATEIRO, MAS ME TORNEI UM COM MUITO TRABALHO E DEDICAÇÃO."

ANDERSON BIRMAN EM MEIO A CAIXAS DE
SAPATOS NA FÁBRICA DA AREZZO EM 1996

SOBRE PERSISTÊNCIA, SUPERAÇÃO E A CRIAÇÃO DE UM MERCADO

Normalmente, o ofício de sapateiro é passado de geração para geração – do bisavô, que ensina ao avô, que ensina ao pai, que ensina ao filho. Mas o nosso caso não foi assim. Contratamos um gerente de uma fábrica de sapatos que, acreditamos, entendia do negócio, e com a ajuda dele montamos a nossa, de calçados masculinos. Assim começava a Arezzo. Depois de três meses, percebemos que o gerente não sabia nada de sapatos – e o despedimos. Eu, meu irmão e meu pai ficamos sozinhos no negócio a partir de então e, como nossos sapatos ainda não eram tão bem-feitos, nos desfizemos do estoque.

Para não sair completamente no prejuízo, fui a uma loja que comprava saldos no centro de Belo Horizonte e vendi tudo o que tínhamos para eles. Negociei por aproximadamente 10% do valor.

Quando retornei para casa, contei a história para meu pai. Ele ficou muito bravo. Me deu uma bronca por ter zerado seu capital. Mas considero até hoje que agi certo, visto que, de outro modo, perderíamos tudo.

Logo depois desse episódio, meu pai se afastou do negócio. Ele já estava mais velho e vendeu sua parte para mim e meu irmão, que ficamos cada um com 50% da empresa. Esse foi um novo começo. Sem dinheiro, sem tecnologia, mas com muito trabalho, aprendemos a fazer sapatos com primor e rigor.

Os desafios, porém, cresciam junto com a empresa. Certa vez, um modelo de sapato com salto de madeira natural encantou uma importante e popular rede varejista, que encomendou um caminhão de pares para Brasília. O caminhão chegou no dia seguinte e, a princípio, foi um sucesso. As vendas dispararam.

Contudo, dois dias depois, o cenário virou. Avisaram-me que era preciso recolher todos os sapatos vendidos e não vendidos devido a um problema na palmilha, que descolava do salto com alguns passos de uso. Faltou segurança – um dos três pilares do que considero qualidade.

Fomos pesquisar internamente por que aquilo havia acontecido. Onde tinha sido a falha. Descobri que nossa equipe havia usado cera de carnaúba para polir o salto. A cera migrou para a palmilha, fazendo-a descolar. Um erro de concepção.

Como a responsabilidade era nossa, precisei "engolir" um caminhão de sapatos sem conserto. Não podíamos nem vender para saldo, porque a palmilha soltava com dois minutos de uso. Dessa vez, perdemos tudo.

Outro episódio marcante aconteceu com um dos nossos representantes comerciais. Depois de alguns desalinhamentos, decidimos demiti-lo. Na hora em que lhe comunicamos, ele tirou da bolsa um papel e disse: "Vai me demitir logo agora que consegui esse pedido de dois mil pares?". Mostrou então a solicitação de uma grande rede no Rio de Janeiro. Consideramos que seria justo adiantar o valor daquela última comissão – e assim fizemos.

Um mês depois, quando mandamos o caminhão de sapatos para o cliente, recebemos uma resposta surpreendente: não havia sido feito pedido nenhum. Ele havia mentido. Falsificado o talão com a compra. Fui até a capital fluminense resolver a situação. Conseguimos um acordo com o estabelecimento, que pagou apenas 10% do valor total dos sapatos. Mais uma vez, eu voltava para casa com essa quantia, o que me fazia lembrar dos desafios iniciais.

A trajetória da Arezzo&Co é de muito sucesso. Mas cheia de batalhas, ganhas ou perdidas, pelo caminho. Passamos por sofrimentos e angústias para sobreviver no negócio de sapateiro. Se eu contar todas as dificuldades que enfrentamos, será preciso uma caixa de lenços, porque elas me fazem chorar. Mas não só superamos os obstáculos momentâneos, como criamos um mercado no Brasil do qual somos líderes até hoje. E o começo do sucesso veio depois dos episódios que compartilho aqui, junto com a decisão de começar a investir em sapatos femininos.

PRIMEIRA SANDÁLIA
ANABELA, 1979

33

TEORIA E PRÁTICA — O VALOR DE CADA UMA

Sempre gostei de me comunicar por escrito, escrevendo à mão minhas reflexões. O problema é que minha letra é horrível. Por isso, quando trabalhava no dia a dia da Arezzo, costumava pedir para minha secretária digitar os textos ditados por mim, ou rascunhados em um papel. Imagino que passar a limpo minha primeira versão fosse uma tarefa bem difícil para ela, pois minha grafia reflete o aluno pouco aplicado que fui – sempre mais preocupado com colar do que com estudar.

Boa parte da minha formação escolar foi em bons colégios públicos ou religiosos. Estudei em uma escola em Manhuaçu, município da Zona da Mata mineira. Depois passei dois anos em um internato evangélico estadual, o Reverendo Cícero Siqueira, em um município próximo chamado Alto Jequitibá. Durante meu tempo nessa escola, aprendi a ser adulto mesmo tendo idade de criança. Vivi muitas histórias lá dentro. Em seguida, meus pais se mudaram para Rio Casca, outra cidade da região, em Minas Gerais. Tenho muitas recordações da casa onde moramos nessa época. Lembro-me da fábrica de queijo e das aranhas no sótão.

Perto de completar 13 anos, nos mudamos novamente. Dessa vez para a cidade grande, Belo Horizonte, a capital do estado. Estudei em um colégio público até parte do ginásio – período que hoje corresponde aos anos finais do ensino fundamental. Durante o científico – hoje ensino médio – frequentei a Escola Marista Champagnat, particular, que, apesar de não ser a melhor da cidade, era muito boa. Por último, fui para o Colégio Nossa Senhora das Dores. Ficava na esquina da rua Itajubá, onde eu morava – e onde a Arezzo nasceria, em 1972.

Foi nesse período que, pela primeira vez, estudei intensamente, pois desejava fazer um curso superior. Como eu não era bom aluno, precisei estudar ainda mais para compensar. Tinha um amigo chamado Toninho, muito inteligente, que me ajudou. Com ele aprendi equação integral, logaritmo e outros assuntos difíceis de matemática. Naquela época, não havia computador para resolver as questões, e todas as contas precisavam ser feitas de cabeça. Era um livro grosso, e nós dois resolvemos todos os exercícios que ali constavam. Valeu a pena. Consegui passar na Universidade Federal de Belo Horizonte em Engenharia Civil – um feito dificílimo. Talvez pela superação, essa conquista foi uma das maiores alegrias que tive na vida.

Consegui me dedicar à faculdade nos dois primeiros anos. A Arezzo começou quando eu tinha 18, mais ou menos na mesma época em que entrei na universidade. Trabalhávamos eu, meu irmão Jefferson e meu pai na garagem de casa. Gradativamente, a empresa demandava mais e mais meu tempo. Casei e tive filhos, o que tornou cada vez mais difícil me dedicar aos estudos. A partir do terceiro ano, matava muitas aulas e sobrevivia colando dos colegas. Entre idas e vindas, após nove anos fui jubilado da universidade sem me formar. Mas não me arrependo disso. Na verdade, sou muito grato pela oportunidade.

Os dois anos durante os quais me dediquei à Engenharia foram suficientes para me ajudar durante minha carreira. Eu não seria o mesmo sapateiro que sou sem o conhecimento que adquiri durante o período básico do curso, pois os conceitos me acompanharam durante toda a vida e me ajudaram a entender de sapatos. No universo dos sapateiros, existe uma cultura de que fazer calçados é algo enigmático. Alguns têm o dom, outros não. Porém, meu conhecimento me permitiu levar técnica e pragmatismo para dentro desse ambiente. Logo eu, que me considero tão emocional, contribuí com objetividade para uma atividade que era geralmente associada a uma habilidade nata. Atribuo a isso o fato de hoje eu ter um raciocínio sobre sapatos muito mais rápido do que a maioria das pessoas que conheço.

A minha fraca formação na infância faz com que hoje eu me sinta um semianalfabeto. Acompanho meus filhos nas escolas e vejo que eles aprendem muito mais – especialmente a teoria. Meu filho Allan, por exemplo, foi estudar nos Estados Unidos. Sei que eles têm muito mais cultura do que eu. Por outro lado, tenho muito mais experiência de vida do que eles e acredito que isso pode ser uma vantagem quando se começa a trabalhar.

Na educação brasileira atual, nas universidades, sinto falta de uma ênfase maior na parte prática. Há professores de faculdades como Economia e Administração que nunca trabalharam em uma empresa. Já contratei várias pessoas na Arezzo com um currículo ótimo, mas sem experiência para se manter no cargo.

Quando o Allan quis tirar sua carteira de trabalho, acreditava que precisava de um emprego. Foi contratado em 2019 pela IGC Partners, uma consultoria focada em fusões e aquisições – um trabalho muito mais teórico do que prático, que ele fazia basicamente em um computador. Pensava que talvez chegasse um momento de sua vida em que ele sentiria falta de se dedicar a problemas mais práticos do que teóricos. Em 2021, Allan se juntou à ZZ Ventures, fundo de corporate venture da Arezzo&Co.

A teoria é importante, assim como meu período na universidade foi para mim, mas a experiência empírica é fundamental para atribuir sentido à teoria. Para que o conhecimento estudado seja aplicado. Foi essa combinação, entre teoria e prática, que me tornou o empresário que sou.

COMPLEXO INDUSTRIAL DA AREZZO NA DÉCADA DE 1980

A PRIMEIRA ESCOLA

A Arezzo começou sua história fabricando sapatos masculinos em função de uma oportunidade: a ideia de uma pessoa que já trabalhava nessa indústria para que eu tivesse o meu próprio negócio. O que eu buscava era um ofício — e ser sapateiro me pareceu uma boa opção. Apostei nessa ideia. Apesar de hoje a empresa ser reconhecida por calçar os pés das mulheres, devo muito do que sei sobre a profissão ao início no mercado masculino, no qual investi por quase três anos.

No começo da Arezzo, tive que descobrir tudo sobre a nova profissão. Para isso, contei com muita ajuda. Viajava com frequência para Franca, no interior de São Paulo. Foi lá que comprei nossos primeiros equipamentos. A cidade era (e ainda é) o berço dos sapatos masculinos. Lembro do trajeto em meu Fusquinha bege para levar peças, consertar máquinas e reunir conhecimento. Quando estava lá, visitava diversas fábricas para ver materiais, ter referências e descobrir como se fazia sapato. Lembro especialmente do Grupo Amazonas, que seguia tendências de moda na época, com o qual aprendemos muito sobre borracha e solado. Havia também a Samello, maior fábrica de mocassins do mundo. As pessoas que conheci ao longo do caminho foram essenciais para construir a Arezzo e me deram muita orientação para conseguir tocar e expandir a produção.

Os fornecedores das casas de couro, por exemplo, foram uma fonte de inspiração. O senhor Nelson, da Guarani Couros, me deu muitas dicas, assim como o senhor Coelho, da Casa Coelho. Recordo como se fosse hoje de como me assistiam e me atendiam.

Aprendi muito com eles sobre postura, sobre o material que me vendiam e sobre reputação. Minha meta naquela época era construir credibilidade, por isso pagava as duplicatas e os empregados sempre em dia, e os fornecedores nos ajudavam dando referência sobre nosso trabalho.

LIÇÕES NA PRÁTICA

A minuciosidade, uma das marcas registradas da Arezzo, foi igualmente importante para que eu soubesse discernir os ensinamentos que faziam sentido e os que não funcionariam para a nossa realidade. Certa vez, um colaborador da empresa, o senhor José de Aguiar, me ensinou a moldar uma palmilha para caber exatamente na forma do sapato. Ele usava a técnica de amarrar as palmilhas com uma corda, deixando-as "descansar" por três ou quatro dias – assim, dizia, elas se amoldariam perfeitamente às formas dos sapatos. Ocorre que as formas apresentavam diferenças sutis de tamanho. O resultado disso é que nem sempre as palmilhas se encaixavam nas formas. Hoje, as novas tecnologias e máquinas permitem tirar um perfil com precisão e facilidade.

Só na prática se percebiam inconsistências como as das palmilhas. Não existia manual, livro de regras, nem materiais em computadores a partir dos quais todos nós, sapateiros, pudéssemos nos guiar. Os aprendizados vieram com a vida, na marra, conversando com pessoas e fazendo nossos testes. Fui aos poucos descobrindo os truques e adequando os materiais aos produtos. Por exemplo, descobri que, para fazer saltos com qualidade, alguns tipos de plástico precisavam de um reforço de ferro para não quebrar.

Eu não tinha essa percepção à época, mas a complexidade do masculino é enorme. Alguns fatores contribuem para isso, como a dimensão dos sapatos: o sistema de produção é mais complicado, e o calçado masculino geralmente requer mais peças para a montagem que o feminino – em determinados modelos, é necessário ter forro e ser de couro, pois o homem pode transpirar mais do que a mulher nos pés, entre outras diferenças.

APARENTE FRACASSO

Sem ainda entender a real extensão da complexidade dos sapatos masculinos, eu estava apaixonado por esse mercado. Conheci um rapaz de São Paulo que fazia negócios com um grupo de Porto Alegre. Eles haviam criado a marca. Estabelecemos uma parceria quando ainda estávamos na rua Itajubá, no galpão onde montamos os primeiros equipamentos da Arezzo. Mas logo que começamos a trabalhar juntos, eles faliram. Foi então que diminuiu meu ânimo e desisti de ter uma marca de sapato masculino.

O aparente fracasso foi, na realidade, a abertura de um caminho em direção aos sapatos femininos – mercado no qual nos especializamos nos últimos 50 anos. Começamos a procurar algum nicho no mercado feminino. Existiam três lojistas importantes em Belo Horizonte que me chamaram a atenção: Elmo Calçados, Karita e Isnard Calçados. Lembro com carinho do Beti, da Karita, que foi o primeiro a acreditar em nós, comprando um tamanco de madeira que fabricávamos. Para o Isnard, fornecemos a sandália Anabela, e, para o Elmo, uma bota.

Com a experiência nos sapatos masculinos, desenvolvemos uma visão vanguardista. O cabedal da Anabela, nosso primeiro produto de sucesso para mulheres, teve inspiração em um modelo de chinelo masculino que havíamos visto em uma fábrica no Espírito Santo. A principal cor da Anabela era o couro atanado Londrina, que mudava de tom conforme o uso. Para nos inspirar para os novos produtos, passamos a visitar, em vez de Franca, a cidade de Novo Hamburgo, no Rio Grande do Sul, que é o berço do sapato feminino. Foi aí que começamos a descobrir a região Sul do país. Mas a transição para o feminino não foi exatamente tranquila. Se antes enfrentávamos a complexidade, no novo mercado precisávamos lidar com a variedade: a mulher tem em média 40 pares de sapatos no guarda-roupa, enquanto o homem tem três ou quatro, a maioria preta ou marrom. A vantagem de o público feminino valorizar a variedade é que elas acabam comprando muito mais. Essa alta demanda é a razão pela qual hoje defendo que os negócios devem ser focados nas mulheres.

Já faz décadas, mas é impossível não lembrar que nossos primeiros aprendizados foram com os sapatos masculinos. Se soubéssemos que nosso destino estava nos sapatos femininos, possivelmente a história teria tomado outro rumo. Ainda bem que não tomou. Reconheço a importância dos meus primeiros anos como sapateiro, porque fabricar calçados para homens foi a grande escola que preparou a Arezzo para um futuro além do que poderíamos sonhar.

DETALHE DO PROCESSO
DE CRIAÇÃO DE UM SAPATO

O SAPATO É UMA ARTE

Sabia que o salto não pode ser maior que 9,8 centímetros? Por quê? Não há mulher que aguente. Isso é a arte de criar um sapato. Conseguir que um mesmo modelo se encaixe perfeitamente em diferentes formatos de pé. Sapato tem alma, é tridimensional. Por isso é tão difícil fazê-lo.

Tenho alguns conceitos sobre como se deve fazer um par de sapatos. É mais ou menos o seguinte: tudo que perturba o hábito dificilmente irá vender; em contrapartida, se for confortável, fará fama entre as clientes. Para mim, não existe o meio feio e o meio bonito, existe o sapato confortável. Mas, ainda assim, não quer dizer ter um sapato de qualidade. Para isso, é preciso construir os três pilares: look, conforto e segurança.

Todo sapato que está no mercado necessita ter look, isto é, não pode ter cola ou quaisquer defeitos aparecendo, além de precisar estar dentro da tendência. A cliente tem que se sentir segura, ou seja, não quebrar o salto ou arrebentar uma fivela, e precisa estar confortável; ela não pode lembrar a noite toda que está calçando o sapato. Sempre pensei na satisfação da consumidora final depois de dois, três meses que fez a compra. Acredito ser importante que ela não se sinta traída na moda nem tenha sua confiança quebrada devido a problemas de qualidade.

Entretanto, conquistar a verdadeira qualidade é um trabalho árduo se pensarmos que são 150 materiais para formar um modelo único. Basta refletir que existem a linha, taxa, agulha, couro, forro, cola e uma gama de outros produtos para se juntarem perfeitamente em harmonia. Não é à toa que dizem que o bom sapateiro é alguém que tenha algum sentimento de arte.

Mas antes de o sapato chegar à linha de produção, foi imprescindível entender as diferentes escalas e medidas dos pés das consumidoras. Ao longo da vida como sapateiro, entendi que o formato do sapato muda de etnia para etnia. O oriental tem pé curto, pequeno e com pouco volume. O americano tem pouco volume, mas é comprido. O nosso país tem um molde bem específico, por ser a mistura de diversas etnias, portanto, o sapato brasileiro é largo e avolumado. Inclusive, há as numerações grandes, as pequenas; são diferentes nichos de formatos e modelos para se pensar. Até o comprimento do dedo deve ser levado em conta para se fazer os bicos e não machucar o pé da cliente. Não aprendi o ofício de sapateiro em escolas – adquiri esses princípios ao longo da vivência. As matérias de cunho cultural, como História e Artes, ajudavam, mas o que realmente mudou a minha cabeça foi aprender Física no curso de Engenharia Civil. Com o conhecimento de matérias de Humanas e de Exatas, apreendi cultura e dom.

Eu era muito sentimental e me faltava a técnica, algo que meus conhecimentos acadêmicos me ajudaram bastante a resolver. Isso me fez caminhar na objetividade e me ajudou a compreender ainda mais o que é o sapato. Por isso, hoje meu raciocínio sobre o assunto é mais rápido que o da maioria das pessoas.

Não apenas isso, mas as viagens que fiz para fora do país também me ajudaram a entender as consumidoras. No início dos anos

1980, passamos a ir para a Europa estudar modas e tendências, e isso foi dando charme e construindo a marca. Por essa razão, hoje temos uma empresa com produto autêntico e de verdadeira qualidade.

CABEDAL DA SANDÁLIA ANABELA

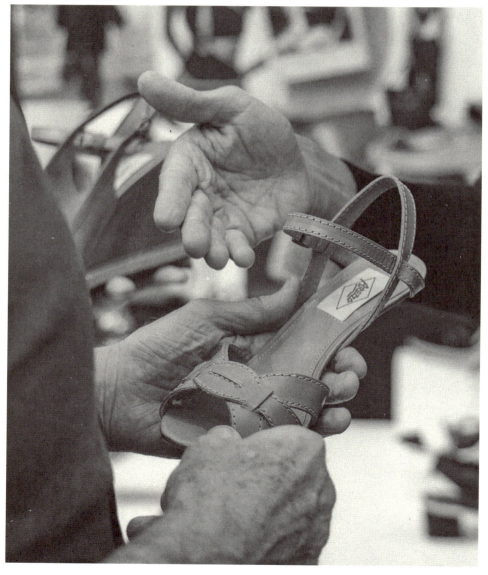

> "PARA MIM, NÃO EXISTE O MEIO FEIO E O MEIO BONITO, EXISTE O SAPATO CONFORTÁVEL. MAS, AINDA ASSIM, NÃO QUER DIZER TER UM SAPATO DE QUALIDADE. PARA ISSO, É PRECISO CONSTRUIR OS TRÊS PILARES: LOOK, CONFORTO E SEGURANÇA."

"ESSES MENINOS ESTÃO ATÉ POR AQUI"

A criação da marca Arezzo aconteceu nos primeiros anos de empresa, período que chamamos de "Era da estruturação". Seria inconcebível lançar um produto sem marca, e eu sabia disso.

No dia em que escolhemos o nome, eu e minha primeira esposa, Lucinha, estávamos sentados no sofá, assistindo ao programa de Flávio Cavalcanti na TV Tupi – que, ao lado de Chacrinha, era um dos mais famosos apresentadores brasileiros na década de 1970.

Pegamos um livro sobre a mesa que tinha o mapa da Itália e percorremos com os dedos os pequenos nomes impressos na página. Na época, usava-se cidades italianas para dar nome às marcas de sapato, como Milão, Roma e Firenze. Precisávamos encontrar um que fosse foneticamente agradável e que ainda não estivesse associado a sapatos – eu pensava. Depois de alguns minutos olhando para aquela página, um nome se destacou: Arezzo. Soava bem. Gostamos. Estava escolhido.

Demorei muitos anos para conhecer a bela cidade, encravada na Toscana, que disputou por muito tempo com Florença a fama de lugar mais bonito da região. Suas pequenas ruas ficaram ainda mais famosas na década de 1990, depois de ter sido o cenário para o filme *A Vida É Bela*, de Roberto Benigni.

Em 2013, fiz minha primeira visita a Arezzo. Foi uma viagem que me tocou muito. Fez-me recordar, com emoção, do princípio da nossa história e de tantas fases, desafios e superações que passamos a seguir. Viajei acompanhado da minha segunda esposa, Maythe, e do meu amigo Guilherme Affonso Ferreira, que estava na Itália com sua esposa e foi me prestigiar. Fui recepcionado pelo prefeito da cidade e todos os vereadores. Como Arezzo foi uma cidade medieval, receberam-me com música típica, e assisti a uma apresentação de cavalos e cavaleiros com lanças, em um ambiente decorado por muitas bandeiras.

Apesar de eu não saber falar italiano, me inspirei muito pela viagem e pelos elementos da cultura medieval. Desde então, penso em modelos e tecidos que poderiam render uma coleção da Arezzo homenageando a cidade que inspirou seu nome. Falei com Alexandre sobre isso, mas ainda não realizamos esse plano.

Ao longo de todos os anos de existência da empresa, construímos uma marca muito forte. Valorizo, nesse processo, cada placa Arezzo que penduramos nos shopping centers onde inauguramos as lojas. A cada vez, sentia que nossa marca era fortalecida com aquela ação. Os nomes da cidade e da nossa companhia ficaram tão associados que certa vez, em outra viagem para a Itália, cruzei com um grupo de mineiros, que viram uma placa indicando Arezzo. Ao lerem o nome, eu os ouvi exclamarem: "Pô, esses meninos estão até por aqui!". Nos tornamos sinônimos, o que considero um valioso indicador de sucesso.

AS FÁBRICAS DA AREZZO

A necessidade de mais espaço sempre perseguiu a Arezzo, visto que a empresa nasceu em um lugar muito pequeno. Nosso primeiro escritório e fábrica foi em um galpão de 120 metros quadrados na rua Itajubá, em Belo Horizonte, em um terreno ao lado da minha casa. Era a estrutura possível para nós em 1972, quando começamos o negócio. Havia uma pequena sala, formada por tela de galinheiro, dentro da qual ficava uma mesa velha de madeira, comprada em um brechó de móveis. Eu e meu irmão Jefferson, que tocava o negócio comigo na época, usávamos o corredor lateral que conectava a rua ao galpão como sala de reunião. Na verdade, as nossas conversas não eram propriamente reuniões. Simplesmente sentávamos e falávamos sobre o que estava dando certo, errado, e quais seriam os passos seguintes.

Quando começamos nossa jornada como sapateiros, não havia rotina. Era preciso administrar as surpresas que surgiam a cada minuto: um problema de qualidade, um problema de couro, um problema de sola... Enfim, vida de empreendedor iniciante. Mexíamos nos sapatos — naquela época masculinos — tanto quanto fosse necessário para ter um produto apresentável. Inicialmente não tínhamos cargos ou funções definidas. Foi só depois de quatro anos, quando abrimos nossa primeira loja própria, que Jefferson passou a se dedicar mais ao varejo, e eu, à indústria. Nossas mulheres também tinham um papel importante no período em que ficamos na rua Itajubá. A minha esposa na época era Lucinha, que exercia atividades administrativas. Pagava duplicatas no Banco do Brasil enfrentando filas homéricas.

Desse galpão, lembro-me de uma situação em que tive que demitir quase todos os funcionários de uma vez porque entregavam um trabalho de baixa qualidade, sem qualquer responsabilidade. Dos cerca de dez que estavam contratados, ficaram apenas dois: o costurador de mocassim, que era fundamental para o processo, e o que fazia acabamento do sapato. Esse último corria atrás dos sapatos na esteira fazendo todas as operações. Não que ele fosse esmerado, mas era o mais dedicado. Depois, aos poucos, reorganizamos a equipe — e ele acabou ficando conosco durante décadas.

NOSSA SENHORA DE FÁTIMA

Em 1976, decidimos fazer a nossa primeira mudança de espaço. Naquela época tínhamos dificuldade para firmar um aluguel, pois ainda éramos uma empresa nova. Encontramos um prédio antigo de quatro andares, com uma área total de mil metros quadrados, na avenida Nossa Senhora de Fátima. A vantagem desse ponto era ser na região central de Belo Horizonte, na Lagoinha, o que permitia aos funcionários chegar com agilidade. Facilitar o deslocamento foi algo que sempre prezei. Chegamos a ter cem pessoas contratadas nessa segunda fábrica. Ocupar o novo espaço foi emocionante. Afinal, era um lugar dez vezes maior do que o nosso primeiro galpão. Tenho também boas memórias do tempo que passamos lá, pois foi onde reunimos muito conhecimento e fizemos grandes descobertas sobre o negócio. Aprendemos a trabalhar com sapato feminino, e sinto que foi ali que a Arezzo realmente começou a nascer.

Havia na época uma métrica que definia que em cem metros quadrados era possível produzir em média cem pares de sapato por dia. A nossa meta era produzir cerca de mil por dia. Mas isso dependia da demanda e da complexidade do que estava em produção, e às vezes fazíamos menos do que isso. É curioso pensar nesse sonho de entregar mil pares atualmente, quando a Arezzo produz mais de 20 milhões por ano, cerca de 70 mil por dia. Mas aquela era a realidade há mais de quatro décadas.

Costumo brincar que na Nossa Senhora de Fátima eu desenvolvi minha panturrilha, de tanto subir e descer escada, pois não havia elevador conectando os quatro andares. Nos primeiros ficava a montagem e, no último, o escritório. Meu pai, que também era sócio no negócio, nos visitava pelo menos uma vez por semana. Ele tinha uma mesa só para ele. Até que um dia os médicos sugeriram que comprássemos sua parte. Ele estava envelhecendo e tinha problemas cardíacos. Recordo-me até hoje do valor que demos a ele. A empresa que era dividida em três passou a ter apenas dois sócios.

BRIGADEIRO EDUARDO GOMES

Logo a fábrica da Nossa Senhora de Fátima também ficou pequena. Eu já havia feito um "puxadinho" do outro lado da rua, alugando mais um imóvel para instalar as injetoras de plástico. Além disso, queria sair de um prédio vertical para um layout horizontal, seguindo um padrão que combinava mais com as fábricas da indústria sapateira. Assim, no início dos anos 1980, em parceria com um investidor que estava disposto a nos ajudar a construir o novo espaço como eu imaginava, nos mudamos para um terreno na avenida Brigadeiro Eduardo Gomes, no bairro Glória. Ali continuamos

ANDERSON BIRMAN

a produzir a sandália Anabela, primeiro ícone da marca, que havia começado na Nossa Senhora de Fátima.

Foi um marco, por dois motivos. O primeiro, pelo tamanho. Ocupamos originalmente 4 mil metros quadrados que depois, com novas estruturas agregadas para atender à demanda crescente, tornaram-se 8 mil metros quadrados. Assim, conseguimos quadruplicar a produção de sapatos e nos aproximamos da média da indústria. O segundo motivo era que, na linha do tempo que organizei anos mais tarde, a mudança para a Brigadeiro Eduardo Gomes marcou a entrada da Arezzo na Era Industrial.

Uma das grandes dificuldades na época era conseguir mão de obra. Tive dois gerentes industriais, ambos formados em engenharia. Meu sonho era torná-los sapateiros, mas não só não consegui realizar esse desejo como eles nem sequer tiveram um bom desempenho como gerentes. Contratei também 90 gaúchos do Vale dos Sinos, que conheciam bem as técnicas para a fabricação de sapatos, mas não consegui escolher o gerente que imaginava para a fábrica.

Apesar dessa frustração, tive bons funcionários. Havia várias costureiras, como a dona Maria e a Ciça, viradeiras e operários que depois se tornaram chefes. Lembro-me bem do Jair, um modelista que era fundamental para o negócio, e do Polaco, um gaúcho que depois montou uma matrizaria no Sul para atender a Arezzo. Hoje sua empresa é uma grande indústria na região. Sempre prezei pela boa relação com os empregados. Sabia que eles eram fundamentais para construir o negócio e gostava de encontrá-los e ver como executavam suas tarefas. Tive, claro, que amadurecer essa relação conforme a Arezzo cresceu. Inicialmente, eu tinha certo grau de intimidade, e todos eram mais próximos do meu cotidiano. Depois passei a ficar mais distante, mas mesmo assim mantive boa relação. Guardo até hoje mensagens que eles me mandavam em datas comemorativas e, vendo fotos antigas, consigo lembrar o nome de muitos deles.

A FÁBRICA QUE NUNCA CONSTRUÍ

O período na Brigadeiro Eduardo Gomes foi bastante próspero para a Arezzo. Construímos nossas casas e vivíamos de maneira confortável. Foi nessa época que começou a minha amizade com o advogado José Murilo Procópio de Carvalho, que era nosso vizinho. Como nossa indústria ganhou relevância na região, passei a me relacionar com pessoas do mundo político. Frequentava eventos, criei

"ALI CONTINUAMOS A PRODUZIR A SANDÁLIA ANABELA, PRIMEIRO ÍCONE DA MARCA, QUE HAVIA COMEÇADO NA NOSSA SENHORA DE FÁTIMA."

relacionamentos com a Federação das Indústrias de Minas Gerais, que teve como presidentes Stefan Salej e José Alencar, e me aproximei de governadores como Eduardo Azeredo, cujo vice, Arlindo Porto, morava em uma casa alugada pelo meu irmão.

Na época, eu compartilhava uma ideia com todos os políticos que me visitavam: levar a indústria de calçados para perto das comunidades de baixa renda. Queria levar fábricas para regiões carentes que funcionassem em formato de cooperativa. Eu colocaria uma estrutura perto de favelas e equiparia com maquinário de costura e montagem, por exemplo, alugando os equipamentos a um preço simbólico para as pessoas, que poderiam trabalhar ali quando quisessem. Assim, haveria flexibilidade, e eu evitaria que os trabalhadores tivessem que pegar vários ônibus para se deslocar — afinal, as indústrias geralmente estão onde é mais bonito para elas, não onde é mais interessante para o empregado. Minha ideia era que famílias inteiras pudessem trabalhar no setor, facilitando sua vida e gerando renda. Apesar da minha insistência, inclusive com os governadores, todos me pediam para participar de programas já existentes, como do Jovem Aprendiz (que, na época, não era obrigatório). Eu participava de todos, mas nunca consegui tirar do papel esse programa que idealizava. Fiquei frustrado de não ter sido capaz de executar esse plano. O que mais se aproximou dessa ideia em anos mais recentes foi aproximar a sede da Arezzo em Campo Bom da mão de obra. Eu tinha um grande centro industrial onde poderia fazer o escritório, mas decidi por um prédio no centro, uma região de fácil acesso.

"APRENDEMOS A TRABALHAR COM SAPATO FEMININO, E SINTO QUE FOI ALI QUE A AREZZO REALMENTE COMEÇOU A NASCER."

UMA DECISÃO À FRENTE DO TEMPO — E OUTRAS QUE MUDARIAM A HISTÓRIA

Essa história aconteceu no período que internamente chamamos de "Fundação e Estruturação", na década de 1970, quando nossa fábrica ficava na avenida Nossa Senhora de Fátima, em Belo Horizonte. Com frequência precisávamos usar material contendo injetado de plástico para fazer os saltos. Terceirizávamos a produção dessa parte para um fabricante gaúcho. Naquela época, montávamos uma quantidade muito pequena de sapatos para justificar a confecção própria de saltos para nossa marca.

Em uma das minhas visitas a essa fábrica terceirizada no Sul do país, conheci um especialista na confecção de matrizes de salto, profissional que chamamos de matrizeiro. Ele fornecia os moldes para a indústria de sapatos e me deu um conselho que me fez refletir: "Por que não monta sua própria matriz de salto?".

Se eu fizesse isso, só precisaria da ajuda de terceiros para injetar o plástico depois. Na semana seguinte, fui conhecer sua fábrica de matrizes e aprendi mais sobre o sistema de cópia autêntica. Isto é, a criação de um molde em material como argila e ferro, que depois serviria para replicar o salto. Fiquei tão empolgado com a ideia que, em vez de comprar a matriz, decidi comprar as injetoras – um estágio além, pois essas máquinas faziam os saltos. Arquei com os custos de seis equipamentos por meio do Finame, um financiamento para aquisição de máquinas credenciadas pelo BNDES. Quando cheguei em casa endividado, meu pai me recebeu com uma rígida repreensão, como já havia feito anos antes, bem no início da empresa, quando vendi por 10% do preço um estoque de sapatos que estava parado. Dessa vez, depois de muita conversa, tive que cancelar a maior parte do pedido das injetoras. Mas consegui manter duas das seis injetoras que havia encomendado.

De qualquer maneira, foi um passo importante. Para abrigar as injetoras, criamos um novo espaço – aluguei um prédio em frente à fábrica da avenida Nossa Senhora de Fátima. Naquela época, o plástico que usávamos como matéria-prima para os saltos e solados era material descartado e reciclável. Ou seja, lixo.

É interessante lembrar isso. Pensar no passado com as lentes de hoje. Adquiríamos materiais como capa de fio jogada fora ou resto de embalagem de iogurte. Com essas sucatas, fazíamos composto. Lembro-me especialmente de uma vez em que fizemos uma sandália com solado de lixo e pano por cima, totalmente reciclável. Hoje isso provavelmente seria visto como uma atitude sustentável. Mas naquela época era só uma forma de produzir o sapato com um custo mais baixo, portanto, com uma margem maior. Os consumidores e organizações ainda não davam valor para esse tipo de prática, hoje totalmente encaixada no conceito de ESG.

Foi a partir dessa experiência que começamos a verticalizar nossa indústria, tornando-nos responsáveis não só pela montagem final do sapato, mas também pela produção de diversas etapas do processo. Em Matozinhos, também em Minas Gerais, construímos uma grande matrizaria. Crescemos na área de materiais injetados e evoluímos muito enquanto empresa nesse período. Criamos uma poderosa indústria, importando da Itália máquinas de ponta, que injetavam plástico com primazia. Passamos a usar PVC e TR, que são os polímeros sintéticos de plástico mais produzidos no mundo e um composto termoplástico, respectivamente.

Anos depois, surgiu o poliuretano (PU), outro composto termoplástico. Mas esse já não era injetado, era derramado. A principal característica desse novo produto químico era a possibilidade de fazer grandes volumes com baixo peso. Em comparação, o TR tornava os calçados muito pesados, e o PVC, mais ainda. Não tínhamos na Arezzo a máquina para derramar esse novo produto químico, mas os concorrentes tinham. Com isso, começamos a perder mercado.

Essa perda dentro da indústria gerou uma série de problemas para nós. Como consequência, fomos nos afastando do negócio. Um momento delicado da nossa história, que felizmente ficou no passado.

"FIZEMOS UMA SANDÁLIA COM SOLADO DE LIXO E PANO POR CIMA, TOTALMENTE RECICLÁVEL. HOJE ISSO PROVAVELMENTE SERIA VISTO COMO UMA ATITUDE SUSTENTÁVEL."

A COMPRA DA GYPSY — UM HABILIDOSO LANCE DE MARKETING

Algumas passagens levaram a história da Arezzo a grandes mudanças de rumo. Uma muito importante, sobre as lojas Gypsy, que se deu na década de 1970, período que corresponde ao que chamamos internamente de "Fundação e Estruturação" da empresa. Na época, não tínhamos lojas próprias, ainda trabalhávamos com multimarcas que vendiam nossos produtos. Produzíamos os calçados e os fornecíamos para o varejo. Entre os nossos clientes, destacava-se a Isnard Calçados. Com uma das lojas da Isnard localizada no bairro Savassi (muito conhecido pelas opções de comércio e lazer), em Belo Horizonte, eu tinha um envolvimento pessoal. Entregava os sapatos pela manhã e ficava o dia todo ali, conversando com os clientes que entravam. Durante a tarde, eu mesmo vendia nossos produtos. Então, voltava na manhã seguinte com novos pares para o estoque. Durante muitos anos seguiu-se essa rotina. Foi assim que desenvolvi o prazer de lidar diretamente com os compradores finais – o que me trouxe confiança para dar o passo seguinte. Nesses tempos, outro amigo do mercado comentou que estava alugando um apartamento, que tinha um pequeno quarto vago, onde caberia uma loja. Seu nome era Roberto Navarro, e, com a esposa, Roberta, foi um dos fundadores da marca de roupas Vide Bula, em 1982. Nessa época, eles tinham lojas supertransadas em Belo Horizonte.

O Roberto me perguntou se eu queria abrir uma loja própria nesse quarto. A ideia de ir para o varejo passava pela minha cabeça. Eu já havia chegado à conclusão de que o maior segredo de um negócio é estar perto do consumidor e conhecer sua psicologia. Mas não era um plano imediato. Além disso, o valor que o Roberto havia proposto pelo aluguel era bastante alto – daria para ele pagar pelo apartamento inteiro e ainda sobraria. Mesmo sabendo disso, aceitei. Porque vislumbrei a possibilidade de resolver dois problemas de uma vez só.

Vou explicar. O então gerente da nossa fábrica, que conhecia muito de sapatos, não estava se entendendo bem com meu irmão, que sempre teve um lado artístico mais forte, uma criatividade aflorada, e, por isso, ficava à frente da parte de produtos e execução de lojas (enquanto eu cuidava da gestão). O Jefferson estava impaciente com o gerente, e, consequentemente, a situação me preocupava. Então, vi na oferta de Roberto uma solução prática para todos: meu irmão passaria a cuidar da nossa primeira loja, longe do gerente, que poderia se concentrar em seu trabalho, fundamental para a empresa naquele momento.

Nessas circunstâncias, abrimos a primeira loja da empresa e a primeira boutique da cidade só de sapatos masculinos, feitos na nossa fábrica. Batizamos a loja de Gypsy, mas não anunciamos que ela fazia parte da Arezzo. Portanto, para os clientes, uma marca não tinha relação com a outra. Na mesma fase, começamos a fabricar sapatos femininos, que logo passamos a vender na loja Gipsy, já que a boutique havia dado certo e a demanda só crescia.

INOVAÇÃO POR INTUIÇÃO

As vendas iam bem graças à dedicação intensa do meu irmão e de sua esposa. Apesar de a experiência de ter uma loja própria ser totalmente nova, não tínhamos ninguém para nos ajudar. Aprendíamos com base na nossa vontade de acertar e, eventualmente, aproveitávamos nossos contatos com outros lojistas, para quem fornecíamos, como o próprio Cid Isnard, da Isnard Calçados, um comprador que trabalhava sob a supervisão do Elmo Filho, da Elmo Calçados, e o Beti e Itamar, irmãos donos da Karita.

Nossa falta de familiaridade com o varejo permitiu que inovássemos sem querer. Como não sabíamos as regras do mercado, fazíamos do nosso jeito. A Gypsy foi a primeira loja de sapatos a colocar na vitrine apenas as peças mais icônicas da coleção, como um chamariz para que as pessoas entrassem e vissem os outros pares disponíveis. Como a fachada do imóvel era pequena, não conseguíamos, por uma questão de layout, colocar todos os calçados diante do vidro, como as sapatarias tradicionais faziam. Na Gypsy, éramos obrigados a ter uma curadoria dos pares, escolhendo o que era mais relevante exibir, algo que logo outras lojas passaram a imitar. Pelo contexto e intuição, criamos tendência. Outra inovação foi transformar o caixa em uma vitrine.

A maioria das lojas usava esse espaço apenas para receber o pagamento dos clientes. Na Gypsy, decidimos deixar ali modelos em exibição, pois acreditávamos que era a última chance que tínhamos de vender mais algum produto para o cliente naquela visita. Agora isso está ultrapassado, porque a tendência é a maquininha ir até o cliente para que ele efetue o pagamento sem se deslocar. Mas, naquele momento, era uma abordagem nova.

Um marco foi quando passamos a produzir uma sandália do tipo *espadrille* – um tempo depois de produzir sandália só de lona. É um modelo muito confortável, feito de tecido, alguns com salto ana-bela e tiras que enrolam na perna. A nossa era uma sandália de brim e juta (uma fibra têxtil vegetal). Foi essa sandália que alavancou as vendas em nossa loja. A partir do sucesso daquela primeira Gypsy, abrimos outras quatro com o mesmo nome. Lembro-me bem da lo-calização de duas delas: uma na galeria da rua Pernambuco, e ou-tra na avenida Cristóvão Colombo, ambas na região do Savassi. A construção dos ambientes contou com profissionais icônicos de Minas Gerais, como Freusa Zechmeister, famosa no meio artístico por seu trabalho como figurinista do Grupo Corpo, e Carico, um dos arquitetos mineiros mais conhecidos. Na loja da Cristóvão Colombo, Freusa se dedicou por quase um ano. Fez uma verdadeira obra de arte no teto com ripas de madeira, mas infelizmente não funcionou na prática. O estilo do ambiente era tamanho que acabava chaman-do mais atenção do que os sapatos nas prateleiras. Contratamos novamente Carico décadas depois, quando ele já era nacionalmente conhecido, para fazer a loja da Arezzo no shopping JK Iguatemi, em São Paulo.

"ALGUMAS PASSAGENS LEVARAM A HISTÓRIA DA AREZZO A GRANDES MUDANÇAS DE RUMO."

"GRANDE LANCE"

Depois de alguns anos bem-sucedidos, resolvemos unir os empreendimentos sob a marca Arezzo. Nessa época, éramos próximos de diversos jornalistas que cobriam moda: Lilian Pacce, Costanza Pascolato, Joyce Pascowitch, Alcino Leite, Cristina Franco, Erika Palomino, Heloísa Marra, Iesa Rodrigues, Regina Guerreiro, Cynthia Garcia, dentre outros tão importantes quanto todos esses para a divulgação da nossa marca. Uma jornalista em especial, a Anna Marina Siqueira, do jornal Estado de Minas – um dos veículos mais importantes de Minas Gerais até hoje –, considero como se fosse uma madrinha do negócio. Ela sempre permitiu que publicássemos páginas inteiras de anúncio sobre a empresa, assim como nos entrevistava para matérias sobre moda. Foi por meio do veículo em que ela trabalhava que fizemos também o anúncio de que "a Arezzo estava comprando a Gypsy". Na verdade, era uma estratégia de marketing. Afinal, uma já pertencia à outra, mas o grande público não sabia disso. Aproveitamos o momento para valorizar ambas as marcas.

Como muitos outros que fiz ao longo da nossa história, aquele foi um movimento intuitivo. Percebi que havia uma oportunidade de negócio, mas, se me perguntassem na época, não saberia dizer por quê. Hoje tenho clareza da sagacidade por trás da atitude que tomamos, mas, na época, apenas "sentia o cheiro" de que aquele era o melhor caminho a seguir.

O anúncio superou as expectativas: logo depois da novidade, as pessoas passaram a fazer fila na loja para comprar Arezzo na Gypsy por um valor promocional. Depois disso, todas as lojas passaram a se chamar Arezzo. Para dar conta da demanda que veio com a "compra da nova marca" – e que se manteve nos anos seguintes – nos mudamos para uma fábrica verticalizada na avenida Nossa Senhora de Fátima, no bairro Carlos Prates, onde ficamos por muitos anos. Até a hora de fazer uma nova virada na empresa.

LOJA GYPSY NA DÉCADA DE 1970

TER VOCAÇÃO E APRENDER

CAPÍTULO 2: A ERA INDUSTRIAL

Minha experiência com vendas e empreendedorismo começou com a Vivenda Indústria e Comércio LTDA, uma empresa de representações que meu pai fundou no final da década de 1960. Havia apenas um vendedor: eu. Enquanto meu pai e meu irmão ficavam no escritório, eu ia a lojas, pequenos comércios e postos de gasolina para vender de tudo – desde uísque Ballantine's e conhaque até estopa para polimento de carros. Nos anos em que trabalhei na Vivenda, aprendi muito sobre a área comercial. Uma das lições mais importantes foi que eu devia vender o produto em lojas.

Ao representarmos mercadorias variadas, de áreas tão distintas, não tínhamos foco, e o negócio não foi para a frente – meu pai não tinha encontrado ainda o ofício, que passaria de geração para geração em nossa família. Com a fábrica de sapatos, em 1972, e o nascimento da Arezzo, nos tornamos sapateiros e passamos a ter um foco, mas isso não significava que não era necessário diversificar os produtos e inovar. Na Arezzo, tínhamos – especialmente nas primeiras décadas da empresa – muito mais modelos do que a média das outras marcas, com grande variedade de estilos. Não seguíamos uma linha única nas inspirações e modelagens. Então, a cada coleção, apresentávamos novidades.

Aprendi, nesse momento, que, além de termos reconhecido em nós mesmos uma vocação para criar e vender sapatos, era preciso tentar nos diferenciar do mercado. Trabalhar para isso. A vocação não anula a necessidade do aprendizado. Por isso, acredito que sempre soubemos aproveitar as oportunidades e surfar as ondas de sorte que atravessamos. Um desses momentos foi no começo da década de 1980, quando uma campanha feita pelo publicitário Washington Olivetto nos trouxe uma maré de boa sorte. A propaganda, que apresentava diversas mulheres com bigodes desenhados no rosto e calçando sapatos masculinos, afirmava que o homem adora uma mulher de bigode. Rapidamente, o sapato masculino entrou na moda para mulheres.

Se não fosse pela nossa vocação e pelo entendimento de que mudar e trazer novidades é importante, talvez não tivéssemos aproveitado tão bem essa oportunidade. A sorte que demos com o sucesso dessa propaganda fez com que a Arezzo passasse a produzir sapatos femininos e se tornasse o que é hoje. Seguimos, desde a fundação da empresa, nessa busca constante por novidades e tentamos sempre nos diferenciar, com novas marcas e produtos novos a cada coleção lançada.

Talvez seja realmente necessário ter sorte e vocação para alcançar o sucesso com um negócio. Mas certamente não é só isso. Se o cavalo passar arreado e você não souber montar, não adianta.

AS FRANQUIAS DA AREZZO E MEU CRESCIMENTO PESSOAL

Foi por causa da suposta compra da Gypsy pela Arezzo, em 1983, que surgiu um novo caminho para os pontos de venda da empresa, com o início da operação por franquias. Até então, os nossos sapatos só eram vendidos em lojas multimarcas, enquanto a Gypsy tinha cinco estabelecimentos em Belo Horizonte. Naquele ano, as duas marcas se tornaram oficialmente uma, e nas lojas formaram-se filas para comprar Arezzo por um valor promocional.

O sucesso dessa estratégia colocou a empresa na mira de antigos clientes nossos do Rio de Janeiro, sócios de uma boutique de calçados. Percebendo que a Arezzo estava se saindo muito bem depois de incorporar a Gypsy à marca principal, um deles me ligou e pediu para abrir uma franquia. Aceitei. Tião acreditava que se a loja fazia muito sucesso em Belo Horizonte, também faria entre os cariocas.

Como muitas das decisões que havia tomado até ali, a expansão da Arezzo por meio desse sistema não foi algo planejado.

A oportunidade surgiu naturalmente, e vi na proposta de Tião uma maneira fácil de levantar um capital que a Arezzo não tinha ainda. Fomos os pioneiros do nosso setor a criar franquias no Brasil. Inauguramos a primeira franquia em 1984, na rua Aníbal de Mendonça, em Ipanema.

DIVERGÊNCIAS CONSTRUTIVAS

Além de Tião ser um antigo cliente, ele também era um amigo. Com o negócio, surgiu uma nova relação entre nós: a de franqueador e franqueado. Graças aos nossos diferentes laços, pude aprender muito com Tião. Nossa primeira divergência foi em relação a profundidade *versus* a variedade de produtos em uma loja. Uma discussão bem-vinda, pois considero que divergências constroem, enquanto conflitos destroem.

Em relação àquele tema especificamente, sempre acreditei que as lojas devem ter variedade de calçados, ao passo que Tião acreditava na profundidade. Então, ele comprou vários sapatos da mesma cor e modelo, em vez de comprar modelos variados em menor quantidade. Sua estratégia não deu certo, o que confirmou minha tese. Portanto, não me surpreendi. Sabia que o diferencial da companhia estava na variedade. Mesmo diante dos resultados negativos, ele insistiu na ideia, e eu permiti, porque era importante ele ter a liberdade de questionar minha visão. Tião acabou cedendo, mas isso não anulou nem diminuiu a importância de ele ter me pressionado a pensar sobre o assunto. E por mais que ele achasse que eu não o escutava, eu dava muita atenção ao que ele dizia.

Ele acreditava ainda que, para dar certo o modelo de profundidade de mercadoria, o preço precisaria diminuir cada vez mais. Nisso também discordávamos. Para mim, o preço precisa ser justo. Para ser transparente com a cliente, a loja não pode cobrar em excesso – uma das principais ideias da Arezzo – nem cobrar um valor baixo demais, porque assim tampouco seria justo com a empresa ou com quem trabalha para produzir os sapatos.

Um dos nossos primeiros atos de transparência foi decidir que o produto sairia das nossas fábricas parceiras já com o preço fixado no produto. Não haveria margem para interpretações distorcidas. Naquela época, criei uma tabelinha de preços segundo a qual o valor do sapato não poderia passar de 80% do salário-mínimo daquele momento. Com essa ferramenta, consegui reafirmar a decisão dentro da companhia. Graças a ela, encontramos um preço justo tanto para a empresa quanto para os funcionários e para as clientes.

Nunca gostei de um negócio que se baseia primordialmente em preço. Para mim, é necessário pensar primeiro nas pessoas e na qualidade do nosso serviço. Sempre trabalhei com valor médio, nunca baixo, até porque penso que o fundo do poço é fundo demais. Dizia que se a Arezzo fosse trabalhar no preço, teríamos que nos tornar uma empresa financeira — e não me convencia de que era esse o caminho. Na época, eu me chateava por Tião estar me questionando com frequência sobre um tema tão sensível para mim. Hoje percebo a importância daquelas discussões para fortalecer minha visão, mas principalmente para meu crescimento pessoal e o da empresa. O dilema entre profundidade e variedade continuou me perseguindo e ainda é atual para nós. A mente da cliente é complexa até para quem está no mercado há mais de 50 anos.

RENTABILIDADE E CONHECIMENTO LOCAL

Foram muitos anos de trabalho para a Arezzo se consolidar como uma rede de franquias. O fato de termos conquistado por 16 anos consecutivos o prêmio de melhor franquia de calçados, bolsas e acessórios femininos no Brasil pode ser associado a alguns fatores.

O primeiro é que sempre acreditei que o franqueado deveria ganhar dinheiro. Recordo-me do Edson e do Alemão, dois taxistas que me atenderam durante anos e que eu mencionava para dar um exemplo didático. Se eles vendessem seus táxis, teriam R$ 250 mil na mão cada um. Como sócios, teriam um capital de R$ 500 mil, suficiente para abrir uma loja no shopping. Enquanto taxistas ganhavam entre R$ 2 mil e R$ 3 mil por mês, como franqueados ganhariam cerca de R$ 6,5 mil. Além de dobrar o rendimento, passariam os dias no ar--condicionado, em um ambiente agradável.

Certo dia, contei esse meu plano para o Edson, para ver se ele se animaria com o projeto. Infelizmente, ele disse que não aceitava a ideia, visto que tinha um plano melhor: planejava ir para Praia Grande, no litoral sul de São Paulo, pescar e tomar cerveja, sem preocupações com o trabalho e longe de confusão. Confesso que me surpreendi com sua resposta, mas aceitei que cada um sabe o que traz felicidade para si. Para muitos franqueados da Arezzo, no entanto, a conta do meu exemplo fazia sentido, e investir em uma loja nossa era um negócio financeiramente atrativo.

Um segundo fator que contribuiu para o crescimento das franquias foi dedicar tempo à avaliação dos candidatos a franqueados. Eles passavam primeiramente pelo meu crivo. Meu objetivo era entender sua verdadeira intenção. Alguns eu errei, mas, no geral, acertei mais. A rede que temos hoje, com alguns dos melhores franqueados do mercado, certamente foi fruto de muito trabalho pessoal, uma tarefa à qual meu filho Alexandre continua se dedicando. Por fim, nossas franquias sempre se beneficiaram do conhecimento que os franqueados tinham da cultura do local onde suas lojas estavam instaladas. Sempre acreditei que alguém familiarizado com a região seria um fator importante para o negócio. No Nordeste, por exemplo, não se vendem com facilidade sandálias artesanais, porque lá já existem muitas opções desse tipo de produto. Penso ter acertado na minha aposta de que ter franqueados locais seria a maneira de ter menores regiões com maior eficiência, pois hoje atendemos áreas pequenas vendendo uma quantidade enorme de sapatos por ano.

74

PROJETO CONTEMPORÂNEO DA LOJA DA AREZZO NA OSCAR FREIRE.

LIÇÕES DE FRANQUEADOS E ESPECIALISTAS

Apesar das minhas convicções e do compromisso de dar sempre muito de mim, compartilhando o meu conhecimento, aprendi muito nos relacionamentos que estabeleci no mercado de franquias. Sempre foram de muita reflexão os momentos que eu passava com os franqueados. Tinha o hábito de escutar e dar atenção ao que me diziam esses parceiros.

Eles não me deixavam fazer bobagem, fosse nas instruções de compra, no cenário ou no planejamento. Ajudavam-me a concluir qual modelo funcionava e qual não. Mesmo discordando às vezes, sempre me guiei pelas suas compras, pelo estilo que escolhiam.

Outras pessoas de quem me lembro com carinho são o Marcelo Cherto e o Marcus Rizzo. O franchising nasceu no Brasil com eles, que se tornaram dois especialistas nacionalmente reconhecidos. Inclusive, Cherto publicou um livro completo sobre o assunto em 1988, apenas um ano após o estabelecimento da Associação Brasileira de Franchising (ABF). Sempre os achei muito inteligentes, haja vista o sucesso que fizeram na carreira profissional.

Os dois tinham visões distintas sobre o modelo de franquias. Cherto acreditava que era um canal de distribuição. Já Rizzo entendia a franquia como um negócio em si. Por exemplo, a Arezzo poderia deixar de ser uma marca especializada em sapato para ser uma empresa de franquias, abrindo outros negócios.

Apesar de concordar mais com Cherto, diversas vezes contratei a consultoria do Rizzo, justamente por ele discordar de mim e, consequentemente, me instigar. Outra divergência nossa era que Rizzo valorizava muito a padronização das lojas, algo que eu também não aplicava, por entender que cada franqueado tinha uma alma, e a reprodução deixaria o negócio excessivamente pasteurizado.

Depois deles, me consultei muito com Ricardo Fasti e Claudemir Barsalini, que foram diretores comerciais da Arezzo na década de 1990, pessoas fundamentais para a expansão das nossas franquias. Fiz deles meus companheiros de sparring (em artes marciais, um treinamento que simula uma luta). Fasti, ex-FGV, era mais teórico, enquanto Barsalini era mais comercial, mas ambos me ensinaram muito. Certamente devo ao negócio das franquias grandes aprendizados sobre relações e sobre o varejo de sapatos.

Gostaria de agradecer aos franqueados Ademir, Paulo, Reveca, Rubinho, Tane e Maira, Tomie e Valéria a paciência que tiveram comigo.

PROJETO CONTEMPORÂNEO DA LOJA DA AREZZO NA OSCAR FREIRE.

AS VIAGENS PARA A EUROPA E A CRIAÇÃO DOS NOSSOS SAPATOS

Desde o início da Arezzo, sempre me preocupei em fazer os sapatos com a melhor qualidade possível. Conforme desenvolvi minhas habilidades como sapateiro e varejista, cheguei à conclusão de que precisava antecipar as tendências que surgiam no exterior, nas famosas capitais mundiais da moda, como Paris e Milão. Tinha, então, que estar sempre nesses lugares.

No início dos anos 1980, falava muito com vários fornecedores de enfeites para sapatos masculinos. Eles iam até o Uruguai para comprar esses acessórios e depois vendiam para nós em Belo Horizonte. Naquela época, toda a operação da Arezzo ainda ficava em Minas Gerais, e a maior parte da produção era de sapatos masculinos. Especialmente nos mocassins, um modelo que fazia sucesso na época, era comum aplicar detalhes, como pequenas fitas ou tiras. Foram esses fornecedores que me apresentaram o Paul a mim e a meu irmão. Quando o conhecemos, eu já estava com a ideia de fazer uma viagem para a Europa para ver as tendências do setor. Então, convenci o Jefferson a ir para Paris pela primeira vez. O Paul, que falava inglês, aceitou acompanhá-lo para mostrar a cidade – e chegou antes para recebê-lo. Depois dessa primeira aventura, ir para a Europa tornou-se um hábito. Além de Paris, passamos a visitar Milão e Londres. Nosso método era comprar modelos de que gostávamos e trazer para o Brasil como inspiração para os sapatos da nossa marca. Com esse contato direto, ficaríamos na vanguarda. O processo de internacionalização permitiu que nos inspirássemos em um sapato europeu de 500 dólares para depois fazer o nosso modelo por 50 dólares – com qualidade. Essa se tornou nossa especialidade.

Com o passar do tempo, incluímos Nova York em nosso roteiro, e, mais tarde, passei a viajar com meu filho Alexandre, que viria a ser o CEO da companhia.

MOMENTOS MARCANTES

Em uma dessas passagens por Milão, eu estava tomando um vinho Chianti no histórico restaurante A Santa Lucia, localizado no centro da cidade. Eu dava goles na taça como se bebesse água. Até que o garçom veio até a mesa e me chamou a atenção. Disse que aquele não era jeito de se tomar vinho. Sem hesitar, tirou a garrafa da minha frente. Graças a essa experiência, aprendi uma importante lição, como empresário e para a vida. Não era só o lucro de um negócio que importava. Era preciso entender a cultura da região e respeitá-la. Eles não bebiam daquela forma na Europa. O vinho devia ser degustado com moderação. Tornei-me um cliente fiel do A Santa Lucia, e sempre que vou a Milão faço pelo menos uma refeição ali.

Guardo boas lembranças de todas essas viagens para buscar referências da moda. A Itália sempre nos trouxe muita inspiração. Frequentei durante vários anos uma feira de sapatos em Bolonha. A experiência rendeu ótimas ideias de design e matéria-prima, que trouxe de volta para casa e desenvolvemos no Brasil, criando e fortalecendo nossa identidade.

ANDERSON BIRMAN
EM VIAGENS

"GUARDO BOAS LEMBRANÇAS DE TODAS ESSAS VIAGENS PARA BUSCAR REFERÊNCIAS DA MODA."

DEPOIS DAS TEMPESTADES

Quando vejo na televisão casos de tragédias causadas pela chuva, lembro-me de momentos difíceis da história da Arezzo&Co. Havíamos acabado de nos mudar para a fábrica na avenida Brigadeiro Eduardo Gomes, na década de 1980, onde estávamos certos de que seríamos felizes. Mas tivemos dois sustos — os momentos mais desafiadores que já vivi.

A PRIMEIRA VEZ

A chuva já havia incomodado a empresa antes. No início da década de 1980, no período que chamamos de Era Industrial, enquanto fazíamos a obra daquela nova fábrica, passamos por várias chuvas fortes que atrasaram a montagem das máquinas e nos fizeram adiar a festa de inauguração. Mesmo meses depois do planejado, fizemos questão de comemorar a conquista alcançada quando o coração da companhia ficou pronto. Havia muito o que celebrar – inclusive o porvir.

Não esperávamos, porém, que as tempestades voltariam a nos atrapalhar anos depois. Muito menos que seria de maneira mais intensa do que a que já havíamos experimentado. Eu estava na Couromoda, a maior feira de calçados e artigos de couro da América Latina, quando recebi a notícia de que a fábrica estava um metro debaixo d'água por causa de uma forte chuva. Os tempos eram outros, e só consegui voltar para Belo Horizonte um dia depois do ocorrido. Então, não vivi a inundação. Vi e vivi a pós-inundação.

Os quatro mil metros quadrados de empresa foram afetados. O pior impacto foi na área industrial, que estava completamente enlameada. De vários sapatos já prontos agora restavam pedaços destruídos em meio à lama. Estava uma bagunça. Até então, eu não havia tido a preocupação de fazer o seguro do nosso patrimônio. Portanto, a perda para a empresa foi imensa.

Foi uma sensação de desespero, uma experiência assustadora. Fiquei desestruturado. Só não pensei em desistir de tudo porque não tinha tempo para isso. Concentrava-me em planejar como conter a próxima chuva que viesse. Aquilo não poderia se repetir.

Apesar da agonia, no meio daquele momento terrível, os funcionários se solidarizaram e se mobilizaram para ajudar a lavar o chão e a limpar as máquinas. Uma atitude coletiva que nos deu força. Dias depois, assim que terminamos a limpeza e a arrumação, providenciei a instalação de portas corta-água nas áreas de maior risco. Também vedamos, com sacos cheios de areia, algumas passagens, para evitar que a enxurrada entrasse, entre outras medidas preventivas que tomamos.

Ao final daquele episódio, me senti aliviado. Estava tudo resolvido, pensava. Mas infelizmente eu estava errado. Alguns anos depois, tive uma surpresa ainda pior do que a primeira.

A SEGUNDA ONDA

Era 12 de março, mais ou menos três anos depois do primeiro acontecimento. Eu tinha trinta e poucos anos. Lembro-me do dia porque era aniversário do meu irmão Jefferson. Dessa vez, na hora do susto, eu estava na festa dele. Tocou o telefone e, do outro lado da linha, veio a notícia: mais uma vez, a fábrica estava imersa na água da chuva.

Minha experiência foi ainda pior do que da primeira vez, porque vivi o drama no momento em que ele aconteceu, visto que cheguei lá minutos depois da ligação. De uma hora para outra, a área industrial estava inundada. Recordo-me de caminhar com as pernas debaixo de um metro de água. Uma sensação de desespero difícil até de lembrar.

A água da chuva estragou não só a fábrica, mas também o meu carro. Era um Alfa Romeo TI 4, bem bonito. Estava estacionado na porta da empresa, e, enquanto eu via a situação deplorável na nossa indústria, ele também inundou. Ficou cheio de lama e cheirando a cachorro velho por semanas. Mas o mantive mesmo assim por muitos anos depois.

Nessa segunda inundação, me recordo que a parte de sapatos prontos foi pouco prejudicada, devido a um desnível do chão que impediu a água de chegar até esse ponto. Ainda assim, foi dramático. Perdemos quase todo o maquinário. Tentamos ligar os motores no dia seguinte na esperança de que nada grave tivesse acontecido e, nesse momento, tivemos uma grata surpresa. Elas não estavam perdidas. O estrago foi no limite, a ponto de conseguimos consertar e voltar a funcionar a pleno vapor em poucos dias. Mais uma vez, os funcionários colaboraram, nos motivando a continuar.

Em função das tempestades incontroláveis, esse foi um período tenebroso para a nossa empresa. Foi a única vez na vida que admito ter pensado em desistir do negócio. Mas por poucos minutos (ou segundos) – e não foi a sério. Alguma coisa dentro de mim dizia para eu seguir em frente. E eu ouvi claramente. Queria construir algo grande. Saí dessas experiências fortalecido e ainda mais obstinado. Se houver falta de dinheiro, eu descubro a solução. Se sofremos inundações, invento novas formas de impedi--las. Naquele momento, já estava totalmente envolvido no mundo dos sapatos e já compreendia que não tinha volta. Um empreendedor não muda de ramo diante das dificuldades. Nem desiste do seu trabalho. Fazer sapatos era o meu destino. Eu sabia disso e não abriria mão dele por nada.

"MAIS UMA VEZ, OS FUNCIONÁRIOS COLABORARAM, NOS MOTIVANDO A CONTINUAR."

A MAIOR FÁBRICA DE MODELOS DO MUNDO

CAPÍTULO 3: A ERA DO VAREJO

Nos anos 1990, decidi levar toda a operação da Arezzo, que ficava em Belo Horizonte, Minas Gerais, para o Vale dos Sinos, em Campo Bom, no Rio Grande do Sul – e uma pequena parte para Franca e Birigui, ambas no interior de São Paulo. Alguns fatores me levaram a tomar aquela decisão.

O primeiro foi uma viagem que fiz para a Indonésia. Na ocasião, vi grandes fábricas de tênis na região e concluí que havia tomado uma decisão errada: desenvolver uma indústria de calçados próxima ao centro do país. Eu comprava couro no Norte, depositava esse couro em Minas Gerais, depois mandava para o Rio Grande do Sul, de onde ele voltava pronto para ser usado na fabricação do sapato. Um enorme vaivém. Por fim, a produção acontecia na nossa indústria, que era verticalizada.

O segundo fator que me levou a mudar o rumo do negócio é que, no Rio Grande do Sul, já havia uma indústria de calçados formada para atender o mercado norte-americano, que importava a nossa mão de obra. Naquele momento, porém, o cenário mudava por lá. A maioria das empresas norte-americanas passou a se voltar para a China, que teve sua economia aberta ao mundo a partir de 1976, com a morte do líder comunista Mao Tsé-Tung, e oferecia uma mão de obra muito mais barata e estável. Como a experiência e o conhecimento estavam aqui, inicialmente foram levados para a China aproximadamente mil brasileiros, responsáveis por iniciar a indústria chinesa de calçados. Com isso, sem alarde, um espaço para a produção de sapato se abria no Sul – e enxerguei essa oportunidade, guiado, mais uma vez, pela minha intuição.

O terceiro, e principal, fator que nos impulsionou a ir para o Sul foi o fato de a nossa fábrica de injetar plástico para fazer solados não estar habilitada a usar o poliuretano (PU), o que se tornou uma tendência. Com isso, começamos a perder mercado para os concorrentes. Vi no Sul uma forma de flexibilizar o modelo de negócio, nos mantendo atualizados e acompanhando as demandas do mercado.

Hoje sabemos que essa visão faz todo o sentido. Mas, no momento, era um risco que exigiria uma drástica mudança. Essa decisão foi um marco na história da companhia, inaugurando o que chamamos internamente de Era do Varejo, a partir dos anos 1990. Até então vivíamos a Era Industrial, com a fábrica em Belo Horizonte que abrigava dois mil funcionários. Conseguimos fazer a transição da melhor maneira possível. Fechamos a fábrica de Minas sem nenhuma ação trabalhista.

Simultaneamente, montamos uma cooperativa para os funcionários e cuidamos de cada um até o fim do processo. Mais do que uma mudança de lugar, mudamos o modelo de negócio. Fabricar sapatos é uma atividade complexa, mesmo com todo o avanço tecnológico da indústria.

Há muitas etapas manufaturadas. Em vez de produzirmos tudo internamente, transformamos a nossa indústria em uma fábrica de protótipos. Passamos a terceirizar 90% da produção para indústrias da região, e nos concentramos em desenvolver os modelos.

ANDERSON BIRMAN E ALEXANDRE BIRMAN
NA FÁBRICA DA AREZZO&CO

Hoje temos a maior área de desenvolvimento de produtos do setor no mundo: são 16 mil metros quadrados, onde criamos 12 mil modelos, totalizando 45 mil SKUs (Stock Keeping Units). Fabricamos as amostras e passamos para os nossos fornecedores replicarem em grandes volumes.

Essa foi uma das mais importantes decisões que tomamos ao longo da nossa história. Se fôssemos uma indústria, provavelmente não teríamos chegado até aqui a salvo, com a vitalidade financeira que temos. Nem teríamos descoberto a vocação vanguardista para ancorar nossa marca na maior fábrica de protótipos do mundo.

FÁBRICA DA AREZZO

"UM ESPAÇO PARA A PRODUÇÃO DE SAPATO SE ABRIA NO SUL — E EU ENXERGUEI ESSA OPORTUNIDADE, GUIADO, MAIS UMA VEZ, PELA MINHA INTUIÇÃO."

"O KURT CORTOU"

Depois de mudar a fábrica da Arezzo para a região Sul do país, senti necessidade de aprimorar o sistema de governança da empresa, estruturando nosso crescimento para dali em diante. Nessa época, não tínhamos o controle de números importantes. Por exemplo, o demonstrativo de resultado estava atrasado cerca de seis meses.

Não havia visibilidade do que estava acontecendo na nossa empresa. Precisávamos que o controle ficasse próximo de onde os negócios se desenrolavam – e o coração da Arezzo passou a ser no Vale dos Sinos. Logo, era preciso contratar alguém ali que tocasse o administrativo e o financeiro de maneira mais técnica.

A um headhunter da região, pedi indicação de um executivo de mercado para ocupar aquele cargo estratégico, trazendo de fora um conhecimento que não tínhamos internamente. Ele me indicou Kurt Richter, um profissional de família alemã, criado no Sul do Brasil, que tinha acabado de fazer um MBA em Finanças Corporativas. Kurt havia sido gerente de planejamento industrial e de sistemas em uma empresa, e *controller* em outra. Chamei-o para uma conversa. "O que é que você sabe?", perguntei, começando o assunto. Kurt, com certa formalidade que lembrava sua origem germânica, me explicou os detalhes técnicos do que já tinha feito profissionalmente. Eu estava mais interessado em ver o jeito dele do que em saber dos detalhes do trabalho, até porque ele é que entendia disso, não eu. Sempre confiei na minha intuição, acima de tudo, para contratar as pessoas. E gostei dele.

Então, fiz mais algumas perguntas para ver como ele se saía. "Você tem certeza de que quer trabalhar pesado?" "Não tenho medo de trabalho, de meter a mão na massa", ele respondeu, sério. "Tá bom, tá bom. Quando você pode começar?", perguntei uns dez minutos depois, encerrando a conversa.

No primeiro dia de trabalho, ele me perguntou onde deveria se sentar. Eu mesmo não me lembro disso. Mas ele conta que respondi: "Arranja um lugar aí e senta". Só sei que ele se acomodou em uma mesa vazia e ali ficou até ganhar uma sala pequena, quando montou uma equipe e mudamos de escritório.

Nessa época, eu estava muito preocupado, porque captávamos dinheiro em banco e precisávamos ter uma visão clara do caixa, para não nos perdermos nessas operações.

Kurt começou a organizar a casa. Dei liberdade para que ele trabalhasse. Uma de suas primeiras ações foi mapear as funções de cada um para entender onde poderia otimizar custos. Algumas pessoas se incomodaram ao receber um e-mail dele pedindo para enviar uma lista do que fazia, em planilha de Excel.

O novo diretor logo concluiu que havia mau uso de recursos quando os funcionários viajavam a trabalho e se hospedavam em hotéis caros, almoçavam em restaurantes chiques e depois mandavam as notas para reembolso. Então, desenhou uma política que limitasse valores para esse tipo de despesa. Um comentário comum pelos corredores do escritório nessa época era "o Kurt cortou". Foi um momento de muita tensão e atenção. Mas necessário para a evolução da empresa.

UMA BICICLETA PARA O CHEFE

Eu morava em São Paulo, mas nesse período passava três dias por semana – de terça a quinta – no Sul. Hospedava-me no hotel Suárez, que escolhi depois de testar vários. Gostei daquele, e ficava sempre no mesmo quarto.

Eu tinha também um carro, um Polo de câmbio manual, da Volkswagen, alugado de uma empresa que um ex-diretor financeiro da Arezzo, Luiz Vitor Andrade Alvim, havia montado. O carro ficava a maior parte do tempo parado. Inclusive para o aeroporto eu ia e voltava com o Manchinha, motorista que nos atendeu durante muitos anos (até que veio a falecer, em 2017). Um dia cheguei a Campo Bom e uma das primeiras coisas que notei é que o carro não estava estacionado na empresa. Fui entrando no escritório e perguntei para a Cida, minha secretária na época, onde estava o Gol: "O Kurt mandou devolver". Fiquei intrigado. Pedi, então, para falar com ele, para entender o que estava acontecendo. Mas antes que desse tempo, quando abri a porta da minha sala, dei de cara com outra surpresa: uma bicicleta. "O Kurt deixou de presente para você", logo disse a Cida. Não contive a risada. Gostei da surpresa. Adorei a iniciativa do Kurt.

Fui até a sala dele, dei um abraço e agradeci o presente. Estava satisfeito também pelo corte de custos. Durante um bom tempo, andei com a bicicleta no Vale dos Sinos, até que acabou sendo roubada próximo ao hotel. Quando alguém reclamava comigo que o Kurt tinha cortado algum custo, eu dizia: "Vocês estão todos reclamando, mas olha só: ele cortou meu carro e me deu uma bicicleta!". As bases da nossa empresa estavam sendo formadas por meio de trabalho e exemplos de conduta.

"... QUANDO ABRI A PORTA DA MINHA SALA, DEI DE CARA COM OUTRA SURPRESA: UMA BICICLETA. 'O KURT DEIXOU DE PRESENTE PARA VOCÊ', LOGO DISSE A CIDA."

OS PRINCÍPIOS DA AREZZO

Escrevi os dez princípios da Arezzo com base em um impulso intuitivo. Em um dia qualquer do final dos anos 1990, eu ainda era o presidente da empresa e estava muito irritado e infeliz com a área comercial naquele momento, por algum motivo que não me recordo mais. Mas que me deixou bravo o suficiente para sentar à minha mesa no escritório e, em cinco minutos, escrever à caneta uma lista de todos os valores e comportamentos que eu considerava essenciais para a nossa marca crescer do jeito certo. Hoje vejo que transformei um episódio negativo em algo positivo para mim e para a companhia.

Naquele momento, eu não sabia que a minha lista daria nome aos princípios da Arezzo. Estava apenas colocando para fora o que sentia, da melhor forma que conseguia diante de uma folha de papel. Queria deixar claro para todos o que era inegociável em termos de conduta naquele ambiente. O texto ficou bom. Quando acabei, estava mais calmo e satisfeito com a maneira como havia traduzido aquilo que estava em minha cabeça. O foco já não era o meu impulso intuitivo, mas como fazer aquele conteúdo chegar às pessoas.

Mandei por e-mail para o Kurt, nosso diretor administrativo e financeiro na época. Não expliquei nada, apenas mandei. Ele primeiro achou que eu estivesse fazendo uma crítica a ele. Mas depois de ler, gostou tanto que pediu para sua assistente fazer um banner e colocar na entrada do escritório. No dia seguinte, quando cheguei, dei de cara com o texto. Então brinquei: "Alemão", como eu o chamava, "se eu soubesse que você ia botar esse negócio em um banner, eu teria escrito melhor".

Depois, compartilhei com meu filho Alexandre, que já trabalhava na empresa. A reação animada de todos me fez ver que tínhamos ali a essência de um documento importante para o presente e o futuro do negócio. Dias depois, aquele texto viralizou pela empresa. Até que alguém conseguiu resumir: "Esses são os princípios da Arezzo". Eram mesmo, e ainda são os da Arezzo&Co. A nossa equipe ajudou a lapidar o conteúdo para traduzirmos aqueles princípios da melhor forma possível, em uma versão mais moderna. Colocaram até na parede do escritório. Por mais que hoje a empresa se encontre diante de novas questões estratégicas, os princípios se mantêm.

Às vezes algumas pessoas me questionam sobre a validade de um ponto ou outro. Por exemplo, o tópico "Desafio" diz que "as metas cumpridas são a base para a próxima meta". Mas e a celebração, quando acontece? Eu não gosto de celebrações. Assim como detestava elogios quando estava na liderança da empresa. Acredito que o elogio destrói, porque dá a falsa sensação de que se conquistou o que precisava. Na vida, encontramos muita gente para elogiar, mas pouquíssimas para nos mostrar nossos defeitos, o que fazemos mal — e aí, sim, podermos melhorar como pessoas.

Um dos motivos pelos quais deixei a cadeira de CEO mais de uma década depois de escrever os princípios foi justamente porque a responsável pelo RH da Arezzo (que passou a se chamar Gente e Gestão) me dizia que eu tinha que elogiar a equipe e celebrar mais.

Eu discordava. Desde o início da minha vida profissional, os puxa-sacos me incomodavam.

Hoje, admito, já não sei se detesto tanto assim o elogio ou os puxa-sacos. Com o passar do tempo e a saída da empresa, sinto falta de ser elogiado e de pertencer ao negócio. Mas esse é outro assunto.

De qualquer forma, os princípios continuam atuais e guiando nossa empresa – e minha vida – até os dias de hoje. A seguir, eu os compartilho com você. Quem sabe, podem servir como inspiração para a sua vida também.

TRANSPARÊNCIA
Aquilo que não pode ser transparente não deve ser feito.

ALINHAMENTO
Formalize tudo, mesmo que informalmente.

AUTENTICIDADE
Seja verdadeiro sempre, para que, em algum momento,
não seja falso com seu emprego. Seja autêntico sempre.

PAIXÃO
Curta, goste, envolva-se. E seja sempre feliz.

MERITOCRACIA
Negocie claramente suas metas e responsabilidades, e considere
que o cumprimento é pré-requisito da sua continuidade.

HUMILDADE
Humildade com posicionamento: matéria-prima do nosso sucesso.

DESAFIO
As metas cumpridas são no mínimo a base para a próxima meta.

FLEXIBILIDADE
Seja sempre flexível. Esteja disposto e preparado
continuamente para mudanças.

UNIÃO
Unidos venceremos! Divergências constroem, conflitos destroem.

ENVOLVIMENTO
Não descubra somente problemas. Culpar terceiros
nunca resolve. Arrisque-se. Proponha soluções.
Se você não concorda, na dúvida, aja!

UM DILEMA QUE NÃO É DE HOJE

Nas lojas franqueadas da Arezzo&Co, há um caminho contínuo de entrada e saída dos produtos, que chamamos basicamente de *sell-in* e *sell-out*. O sell-in é quando os novos modelos chegam ao estoque das lojas, ou seja, quando o franqueado compra da Arezzo. E o *sell-out* é quando a consumidora compra da loja, e o sapato vai para a casa da cliente.

Desde o início, o modelo de remuneração do nosso negócio é baseado no *sell-in*. Isto é, ganhamos uma margem toda vez que os franqueados fazem um pedido de compra para a fábrica, depois de terem escolhido quais modelos gostariam de ter em seu estoque.

Na década de 1990, comecei a questionar esse modelo. Queria que os franqueados passassem a remunerar a Arezzo no *sell-out*. Não queria mais cobrar um percentual sobre o custo, mas sim sobre a receita de cada loja, compartilhando com elas o risco na ponta. Se a fraqueada vendesse os produtos, a empresa ganharia junto. Ao fazer isso, em vez de a Arezzo empurrar sapato para o franqueado, estaríamos claramente comprometidos com o que realmente importa no nosso negócio: o interesse de compra do cliente final. Os consultores e coordenadores de campo da Arezzo são profissionais que zelam pelos franqueados. Eles carregam caixa, cuidam das notas fiscais, verificam as entregas e tomam conta de todo o processo do *sell-in*.

O franqueado, por sua vez, tem uma luta diária de gestão para garantir que estão entrando corretamente os produtos pelos quais a franqueadora o cobra. É algo antagônico, pois, para mim, o correto seria tanto a equipe da nossa empresa quanto a do franqueado estarem mais preocupadas com a saída do que com a entrada. Isto é, com a venda para o consumidor final. Mas o processo abre brecha para que se desvie desse foco, para que nos percamos da nossa razão de ser.

Além disso, com a remuneração pelo *sell-out* e o maior controle sobre o que de fato se vende nas lojas, conseguiríamos reduzir a necessidade de estoque. As lojas costumam operar com um estoque de dois sapatos para uma venda, ou seja, se planeja vender mil pares, precisa ter dois mil no depósito. A cobrança pelo *sell-out* diminuiria, de acordo com uma conta que fizemos, de 2 para 1,2 par no estoque por venda. Garantiríamos, portanto, com mais eficiência, os três "R": repor, remanejar e reprecificar.

OBSTÁCULOS DEFINITIVOS

Na época em que tive essa ideia, comecei pedindo para o pessoal de TI fazer um projeto para unificar os sistemas dos pontos de venda. O objetivo era, primeiro, entender o que estava acontecendo nas lojas para, então, ter controle sobre o *sell-out*. Eu queria saber o que se passava na ponta. Queria vender nossa coleção conforme o gosto dos clientes. Naquela época, os franqueados não tinham seus sistemas conectados ao nosso. Hoje em dia é inacreditável pensar nisso, mas havia 65 sistemas diferentes nos pontos de venda, o que gerava uma enorme confusão operacional e nos impedia de saber o que de fato estava fazendo sucesso nas lojas. Chamei toda a equipe

102

da Arezzo e dei a missão inicial de criar um só sistema para toda a rede. Demorou dois anos, mas ela entregou o que pedi.

Porém, uma vez superado esse obstáculo de sistemas, havia outros dois que impediam a mudança no processo de cobrança, do *sell-in* para o *sell-out*. Até hoje não consegui contornar esses obstáculos – e, por isso, o modelo de remuneração atual dos franqueados continua o mesmo. Uma das barreiras era a resistência do franqueado. Interferir em sua maneira de montar o estoque e impedir que ele usasse a sua sensibilidade para escolher os produtos era como se alguém estivesse coordenando a loja em seu lugar. E a loja é o seu negócio.

A segunda dificuldade, que me fez desistir de vez da ideia enquanto eu ainda estava na gestão da empresa, era de ordem jurídica. Se eu entregasse os estoques aos franqueados em consignação, e a Arezzo só fosse paga após a venda, a empresa se tornaria legalmente responsável por todas as lojas franqueadas e encargos trabalhistas. Não poderíamos assumir um risco tão grande e difícil de administrar à distância.

UM NOVO MODELO DE SUPRIMENTOS E LOGÍSTICA

Com a ideia do sell-out descartada, a alternativa que encontrei mais recentemente foi pensar em um novo modelo de suprimentos e logística, que não fosse baseado no showroom (evento em que apresentamos os lançamentos da companhia aos franqueados). Um modelo que diminuísse o tempo que o produto demoraria para chegar às lojas.

Lembro-me de escutar de um lojista antigo, o fundador da Elmo Calçados – empresa mineira criada em 1938 com 32 lojas distribuídas em Minas Gerais e no Espírito Santo –, que, se o negócio vende sapatos todos os dias, deveria ter modelo novo todos os dias. Concordo com ele. E sei que, em geral, os franqueados da

Arezzo&Co também. Já perguntei para eles sobre o assunto, e eles me disseram que preferem ter mais variedade do que profundidade, ou seja, é melhor ter mais modelos diferentes do que vários pares de um mesmo modelo.

Para criar essa nova logística, é necessário tornar o processo mais digital. Por isso, o meu desejo é transformar a fábrica de amostras de cada novo sapato em fábrica de protótipos. Usar a tecnologia para investir em um showroom eletrônico para que mais pessoas comprem por ali. Além disso, fazer o produto chegar cada vez mais rápido ao franqueado e, consequentemente, às mãos do consumidor.

Ainda não sei qual será o modelo de negócio da Arezzo&Co do futuro, mas acredito que, em breve, todos os negócios do varejo serão negócios de logística.

DETALHE DO PROCESSO DE CRIAÇÃO DE SAPATOS NA FÁBRICA DA AREZZO

A VIRADA DE UMA GRANDE PARCERIA

Na década de 1990, a Arezzo fez uma parceria que seria fundamental nos anos seguintes para deixar de operar diretamente toda a fabricação dos sapatos.

A história começou porque eu conhecia um executivo da Brown Shoe, uma grande companhia americana, que comprava, com suas marcas próprias, uma grande quantidade de calçados do Brasil para os Estados Unidos. Essa empresa tinha contrato com a Star Export, especialista em fazer o agenciamento entre os clientes estrangeiros e as fábricas nacionais. Esse executivo sabia que eu estava em busca de um agente como a Star para terceirizar a produção e resolveu falar sobre nós para João Carlos, o dono do negócio. Pediu que ele me recebesse para uma reunião. Apesar de naquela época a Arezzo ser pouco conhecida, como a Brown Shoe era um grande cliente da Star, João Carlos aceitou a indicação.

No dia combinado, fui à Star. Eu, do jeito que sou, fiz várias perguntas assim que cheguei. Queria entender o negócio. Tanto entendi que cheguei à conclusão de que eles deveriam ser nossos agentes, nos ajudando a procurar fábricas apropriadas para produzir nossos sapatos. Era exatamente o que a Arezzo precisava. Diferentemente de muitos empresários que conheço, sempre valorizei os intermediários, pois os vejo como um elo importante da empresa com seus fornecedores estratégicos.

João Carlos ficou reticente com a minha proposta de contratá-lo. Eu queria fazer sapatos de qualidade para o mercado interno, e ele não acreditava nessa tese. Para ele, o mercado brasileiro não tinha futuro nem promessa de lucro. Na época, a exportação era o principal negócio dentro da indústria calçadista brasileira, e nós estávamos querendo uma parceria completamente diferente das que a Star tinha até então. Enquanto fabricávamos uma quantidade relativamente baixa, a empresa trabalhava com grandes volumes. Nós lidávamos com real, eles, com dólar. Estávamos em Minas Gerais, mas a maior parte da produção de sapatos femininos era no Rio Grande do Sul.

Por sorte, João Carlos contou para seu filho, João Fernando, na época com 25 anos, o que havia acontecido durante a nossa visita. Apesar de jovem, ele já havia assumido várias responsabilidades dentro da empresa do pai e achou interessante a nossa ideia. Era uma marca jovem e trazia a possibilidade de atuar em um mercado novo, em que a Star não tinha tanta experiência. Ficou animado com o desafio que estávamos propondo. Então, foi visitar nossas instalações em Belo Horizonte, e eu o convenci a trabalhar com a Arezzo. Por sua insistência, seu pai decidiu fechar conosco. A exigência dele era que João Fernando arcasse com as consequências (possíveis prejuízos) do que rendesse a nova parceria.

Mas convencer João Carlos foi apenas o primeiro passo. Quando começamos a trabalhar juntos, não chegamos a um acordo tão facilmente. No início, a minha proposta era que a Arezzo comprasse a matéria-prima, e a Star contratasse fábricas somente para a mão de obra. Mas João Fernando não concordou. Ele dizia que as fábricas que só ofereciam a mão de obra geralmente o faziam

106

porque não tinham condições de comprar a matéria-prima. Logo, não tinham capital para investir em processos de qualidade – e a alta qualidade das fornecedoras da Star era inegociável. Como era também um valor nosso, ele venceu a discussão.

Depois, nosso maior problema foram as amostras de confirmação. Até hoje o processo funciona da seguinte forma: enviamos o primeiro modelo para a fábrica, e a equipe da Star produz a amostra de confirmação, que antes era aprovada por mim e agora é pelo meu filho Alexandre. A empresa contava com técnicos em couro, acabamento, navalha e revisores que cuidavam de tudo para produzir a amostra igual ao nosso pedido. Porém, os primeiros modelos que João Fernando me trazia eram muito diferentes. Não posso culpá-lo por não conseguir ver alguns detalhes e sutilezas que só saltariam aos olhos de um sapateiro mesmo.

Um de nossos pedidos iniciais foi uma sandália rasteira com sola de couro. O modelo vendia muito, e não conseguíamos dar conta da produção em nossa fábrica. Mas a amostra de confirmação veio com vários detalhes alterados, como a largura da tira, que tornavam a sandália totalmente distinta da original. Usamos toda a nossa experiência para discutir essas divergências até chegarmos a um acordo, mas o atraso na entrega foi inevitável. Nos primeiros meses de parceria com a Star, boa parte dos lançamentos saía do cronograma, e as coleções ficavam prontas fora da estação certa. Era uma bagunça.

Também tínhamos discordâncias sobre os materiais utilizados. Uma delas foi sobre o contraforte – parte traseira do sapato que costuma ser mais rígida. O João Fernando trazia a amostra do sapato com um contraforte muito duro, e eu sabia que no Brasil esse modelo não venderia. Para ele, aquele era o jeito certo de fazer, porque aumentava a durabilidade do calçado e era assim nos modelos que exportavam. Mas eu sabia que as consumidoras brasileiras sentiam o sapato primeiro com as mãos. Se for macio na mão, vai para o pé, caso contrário, ela não compra. Por aqui, o conforto era mais valorizado do que a durabilidade.

Aprendi que não é fácil terceirizar o negócio, porque cada ser humano interpreta determinado assunto de um jeito. Por mais que se pense estar falando a mesma coisa, ninguém pensa exatamente igual ao outro. Com sapatos não é diferente. Sendo um objeto tridimensional, cada um enxerga os detalhes de forma distinta. Mas tendo muita paciência na nossa relação – João Fernando comigo, e eu com ele –, aos poucos fomos nos entendendo. Discutíamos horas no telefone todos os dias, viajávamos juntos, nos encontrávamos na Star e na minha casa até que chegássemos a um consenso sobre como fazer os sapatos. Com o tempo, começaram a sair as amostras de confirmação bem parecidas com o que queríamos.

Todo o tempo dedicado a esse trabalho e até mesmo os atrasos valeram a pena. Construímos uma parceria sólida e de longo prazo. Do meu lado, estava seguro de que a Star tinha exatamente o que eu procurava: os contatos e a exigência de fabricar produtos excelentes. Para João Fernando, acredito que o mais interessante desse projeto era o pioneirismo e a troca de conhecimentos. Hoje reconheço que ele nos ensinou muito sobre fazer sapato. Nossa relação ajudou a alimentar na Arezzo essa cultura sapateira que tanto valorizo. Também aprendemos a fazer exportação. Nosso primeiro negócio nessa área foi feito com a Brown Shoe. Uma conquista e tanto: aprendemos a fazer sapatos para o mundo com matéria-prima brasileira.

Anos mais tarde, quando os norte-americanos deixaram de demandar tanto as fábricas brasileiras porque a mão de obra chinesa ficou mais barata após a abertura econômica do país, a Star Export decidiu fechar as portas. A Arezzo&Co decidiu comprar os ativos da Star e incentivar o João Fernando a criar a Sunset, em 2011. Ele usa dos mesmos métodos que usava com a Star para agenciar seus clientes e até hoje trabalha conosco na área de agenciamento no exterior (em 2022, a Arezzo&Co viria a comprar a Sunset, de exportações e agenciamento para a Arezzo e HG, fábrica de bolsas, ambas de João Fernando, por R$ 43 milhões).

Depois de alguns anos, percebi que estávamos muito limitados tendo uma fábrica de calçados e uma de solado em Minas Gerais, e tendo que beneficiar (tingir) o couro no Rio Grande do Sul, com o trabalho de exportar esse material para Belo Horizonte. Então, decidimos fechar nossa fábrica na avenida Brigadeiro Eduardo Gomes, dando fim à Era Industrial da Arezzo e início à Era Varejo, no Vale dos Sinos.

DETALHE DO PROCESSO DE CRIAÇÃO
DE SAPATOS NA FÁBRICA DA AREZZO

CONTINHA: NEGOCIANDO NA PONTA DO LÁPIS

Eu sempre tive fixação por preço e me guiei por números calculados. Fiquei muito conhecido no Sul por minha técnica de negociação com os fornecedores das fábricas de sapato, apelidada carinhosamente de "continha".

É um método muito simples que comecei a usar quando a Arezzo ainda nem terceirizava sua produção para o Vale dos Sinos – mas que, depois disso, se tornou minha marca registrada. O objetivo era chegar o mais próximo possível do preço final que eu desejava, sem jamais prejudicar o negócio do meu fornecedor, porque eu queria que todos ganhassem o que fosse justo. Funcionava assim: eu pegava qualquer pedaço de papel, eventualmente um guardanapo, e começava a fazer um cálculo das matérias-primas. Quanto vai gastar de couro, de cola, de forro, de embalagem e de mão de obra. Como também fui fabricante, sabia mais ou menos de cabeça o preço dos componentes. Eu tinha uma máxima: não queria comprar preço, mas, sim, planilha de preço. Quem muitas vezes me acompanhava nessas negociações era João Fernando Hartz, dono da Sunset (antiga Star Exportações). Naquele tempo, quando eu pegava papel e caneta para fazer a continha, João já começava a rir. Quando eu via o preço que as fábricas queriam cobrar, iniciavam-se nossas divertidas discussões. "Não, João, o preço está errado. Vou fazer a continha para a gente ver. Olha só...", dizia, listando os custos de cada parte do produto final. Por exemplo, eu dizia que o salto custava R$ 1, então João Fernando discordava, afirmando que esse valor era baixo demais. "Tá bom, vou te dar uma chance, o salto é R$ 1,20", eu respondia. Assim seguia a conversa.

Mesmo quando os valores de matéria-prima que eu anotava na minha continha estavam diferentes dos apresentados pelos fornecedores, aquela era uma provocação para renegociar, construída sobre uma base realista. A informação servia como pressão para trabalharmos juntos o preço. Eu tinha em mente qual deveria ser o valor final e tentava chegar a ele pelas continhas.

Quando eu percebia que a negociação não estava favorável para mim em relação a determinado produto, brincava com João que construiria uma fábrica inteira só pra produzir o material. Ganharia dinheiro e o fornecedor se arrependeria de não ter me atendido. Ele, já conhecendo a dinâmica e sabendo do meu jeito, entrava na brincadeira. Dizia que eu teria que colocar muita fábrica de pé para dar conta de tudo de que precisava para fabricar os produtos.

João Fernando lembra com carinho das nossas negociações porque as considerava uma maneira leve de fazer negócio, de aliviar um pouco a tensão e a correria que fazia parte da nossa vida. Também era eficiente, porque na maioria das vezes eu chegava ao resultado que queria e todos ficavam satisfeitos – não só porque nunca fiz os fornecedores perderem dinheiro, mas também porque eu conduzia a conversa de maneira leve, a não ofender ninguém.

Já a maneira de João conduzir a negociação era mais demorada. Seu critério era aceitar o valor quando um fabricante estava apertado e pedir desconto quando o fabricante não estava. Mas ele não tinha, como eu, a experiência de saber quanto custavam os componentes. Com o tempo, entendeu que minha técnica fazia todo o sentido. "A provocação da continha era melhor do que simplesmente dizer 'eu não posso pagar R$ 50, eu preciso comprar por R$ 45, então como chegamos no R$ 45?' O senhor Anderson fazia a continha dele chegar nos R$ 45", disse ele, certa vez.

João ficou tão convencido desse método que acredita que ele tinha que ditar o nosso processo de negociação na Arezzo até hoje. Com o crescimento, mudamos muito o contato com os fornecedores. Hoje fechamos os preços por meio de uma plataforma online, o que é muito mais eficiente. Mas o raciocínio de negociar levando os custos em consideração continua válido. Ao fazer a continha, segundo o João, eu estava à frente do meu tempo. Não sei se daria para fazer isso com a Arezzo do tamanho que tem hoje, mas fato é que nos divertimos por muitos anos com essa técnica.

"EU SEMPRE TIVE FIXAÇÃO POR PREÇO E ME GUIEI POR NÚMEROS CALCULADOS. FIQUEI MUITO CONHECIDO NO SUL POR MINHA TÉCNICA DE NEGOCIAÇÃO."

A LOJA DA OSCAR FREIRE E O JORNALISTA QUE ME FEZ CHORAR

A inauguração da loja-conceito da Arezzo no número 808 da rua Oscar Freire, em São Paulo, em 1991, foi um marco na história da empresa – e na minha própria. Aquela rua era (e ainda é) uma referência em tendências de moda, reunindo os principais nomes do Brasil e do mundo. Meu objetivo era estar ali para atrair os clientes mais exigentes. Hoje vejo que a decisão foi movida mais pelo meu ego do que por estratégia. Norteava-me pela possibilidade de sucesso que vislumbrava.

Aquela era uma mudança peculiar no nosso negócio, que se iniciou em 1972, em Belo Horizonte, Minas Gerais. Desde então, tivemos uma história de transformações. Começamos fabricando sapatos masculinos, mas logo migramos para o feminino, nosso foco até hoje. Em 1979, lançamos no mercado a sandália Anabela, que se tornou, em pouco tempo, o primeiro grande sucesso de vendas da marca. Nos anos 1980, fizemos a verticalização da produção na região de Minas, o que nos deu maior controle sobre a qualidade dos processos, da matéria-prima ao calçado na loja. No início da década de 1990, com foco em desenvolvimento de produtos, marketing e comunicação, fizemos um investimento ousado de US$ 1 milhão para nos tornar referência no mercado da moda.

Em função desse investimento, tivemos que fazer alguns ajustes na operação: cortamos parte da equipe e redirecionamos a distribuição na cidade de São Paulo para facilitar a entrega. Em um primeiro momento, o plano não era recuperar esse valor no curto prazo, mas sim fortalecer a marca no longo prazo.

Depois da inauguração da loja, concedi uma entrevista coletiva no Hotel Maksoud, no bairro dos Jardins. Expliquei para os jornalistas a nossa estratégia. Naquela noite, saí com pessoas próximas para comemorar a realização e, no dia seguinte, logo depois de acordar, abri o jornal para ver como a novidade havia sido comunicada. Fui pego de surpresa pela dura conclusão de um dos jornalistas sobre o nosso feito.

"Arezzo resolveu fazer o que muitas pessoas consideram suicídio: investir para vender menos...", era o que dizia a da notícia. Comecei a chorar na hora. Chorar mesmo. Imagine só acordar e ler isso sobre a sua empresa. Apesar da decepção imediata, confesso que sempre aprendi muito com os jornalistas.

Outra vez, uma repórter me fez uma pergunta que me deixou sem resposta. "Qual o número de clientes que a Arezzo tem?" "Em torno de 500 a 800", eu disse, referindo-me às lojas que vendiam nossos produtos. "Com clientes, eu quero dizer as consumidoras que compram o sapato nas lojas", ela explicou. Fiz uma pausa e falei: "Eu não sei". Não saber aquilo me incomodou. E deu origem a um projeto que até hoje existe na companhia: conhecer todas as nossas clientes. A cada uma que conheço, percebo uma mudança em relação ao que conheci no passado. A nossa cliente está em constante mudança – o que explica por que a empresa também está sempre se transformando.

Depois que a tristeza ao ler a matéria sobre a nova loja na Oscar Freire passou, me senti energizado para realizar aquilo que eu acreditava. Com o passar do tempo, o jornalista é quem deve ter chorado ao ver que a nossa estratégia de "investir mais para vender menos" estava absolutamente certa – o que significa que só vendemos mais e mais desde então.

LOJA DA AREZZO NA OSCAR FREIRE
NA DÉCADA DE 1990

COMO A AREZZO APRESENTA SUAS COLEÇÕES AOS FRANQUEADOS

A nossa venda para os franqueados acontece em modelo de showroom, um modelo criado por mim há cerca de três décadas. Funciona assim: a cada coleção, preparamos as amostras dos produtos da nova coleção e apresentamos a todos. É nessa hora que convencemos o franqueado de que será um bom negócio comprar estas ou aquelas peças. Para fazer isso, produzimos um volume enorme de SKUs. O nosso estoque é separado por referência apenas de cor (e não de cor e número, que é o mais comum). Para garantir que todas essas amostras estarão prontas para exibição, temos um acordo com as fábricas parceiras – que são muitas – no Vale dos Sinos (RS).

Uma vez expostas as amostras, os franqueados fazem suas escolhas. Algumas peças, eles excluem, outras a própria Arezzo tira da lista. Uma vez definida a carteira de pedido, é como se fechasse o portão de embarque para um voo. Quem estiver dentro do avião irá partir, e quem chegou atrasado não entra mais. Fazemos um primeiro voo. Nesse momento, entramos em contato com as fábricas. Cada fábrica avalia e aceita ou não os pedidos. Negociamos o valor, o prazo de entrega e outras tantas condições, por isso a resposta para o franqueado demora alguns dias. Mas passado isso, temos o fruto dessas negociações: a carga para o "primeiro voo". Depois, fechamos o segundo, o terceiro voo, e assim por diante, abrindo novas carteiras de pedidos.

O que mudou de mais relevante nesse processo nos últimos anos foi o fato de termos ficado também digitais. Criamos o showroom eletrônico, pois muitos franqueados optam por comprar por meio digital. Também passamos a permitir que os eles fizessem as combinações que quisessem dentro do que lhes foi apresentado, de acordo com as demandas de suas lojas.

MEMÓRIAS DO SHOWROOM

Lembro-me dos showrooms que fazíamos quando abri o escritório em São Paulo, na alameda Ministro Rocha de Azevedo, na década de 1990. No andar superior do prédio ficava a parte administrativa, e, no de baixo, o espaço para o showroom. O Gilmar, costureiro e assistente do estilista, me acompanhava e preparava o camarim. Lá, colocávamos para desfilar toda a coleção. Eu conduzia pessoalmente a apresentação produto por produto. Eram tantos que passávamos a semana inteira fazendo isso. Na época, meus filhos Alexandre e Patricia iam nos ajudar. Na nossa família, sempre gostamos de colocar a mão na massa.

Minha apresentação acontecia em três partes: cenário, planejamento e instrução de compra. Na primeira etapa, cenário, eu contextualizava o que o país enfrentava econômica e politicamente, destacando questões que poderiam afetar o franqueado. Em planejamento, falava sobre nosso calendário. Por fim, orientava como comprar os produtos. O texto que nortearia minha fala, eu ditava para minha secretária, que por muitos anos digitou tudo na máquina de escrever. Depois, eu fazia as modificações na versão escrita, sempre muito rigoroso com a precisão das palavras escolhidas, até chegarmos ao texto final.

Durante as apresentações, eu gostava de silêncio total. Qualquer ruído no ambiente me desconcentrava. Eu ficava incomodado quando havia pessoas cochichando e andando para lá e para cá. Tinha o meu sistema. Pegava cada sapato, mostrava, falava sobre os detalhes e destacava sua beleza. Eu conhecia cada peça e fazia questão de mostrá-las à minha maneira para convencer os franqueados. Naquela época, as compras eram feitas por meio de um talão de pedido de papel. Eram outros tempos.

Eu levava também as amostras de couro, coladas em cartelas e organizadas dentro de uma caixa. Diante dos franqueados, espalhava tudo no chão e sentava-me junto às amostras para exibir a textura e o padrão de cada uma. Esse processo mudou um pouco. Hoje o material passa por uma análise de merchandising e é feita uma apresentação mais elaborada.

Com tantos showrooms por ano, às vezes tínhamos problemas técnicos que nos atrapalhavam. Em uma das apresentações, acabou a luz, e o gerador estava sem manutenção. Ficamos no escuro por muitas horas, o que atrasou todo o evento.

Em outra a vez, não consegui montar a apresentação a tempo antes de viajar para São Paulo. Pedi para a Raquel, minha secretária na época, ir para casa fazer as malas porque ela me acompanharia para finalizarmos no caminho. Durante o voo, fui ditando para ela tudo o que queria dizer. Desde então, a presença dela virou rotina nessas ocasiões. Os personagens mudaram, mas o ritual de escolha de produtos de toda coleção continua sendo um forte traço da identidade da Arezzo.

"NA ÉPOCA, MEUS FILHOS ALEXANDRE E PATRICIA IAM NOS AJUDAR. NA NOSSA FAMÍLIA, SEMPRE GOSTAMOS DE COLOCAR A MÃO NA MASSA."

A PLANILHA QUE AJUDOU A FECHAR UM NEGÓCIO

CAPÍTULO 4: A ERA CORPORATIVA

Conheci Pedro Faria, sócio da gestora Tarpon Investimentos, por meio do meu amigo José Eduardo Lanna Valle, dono da Automax, tradicional concessionária Fiat de Belo Horizonte. Eu estava em Angra dos Reis e fui fazer um passeio de barco com a sua família. Uma das filhas de José Eduardo, a Carol, estava começando a namorar o Pedro. Conversamos informalmente, sem qualquer interesse de trabalho envolvido. Eu ainda não sabia, mas em breve ele teria um papel importante na história da Arezzo.

Um tempo depois, voltei a pensar no rapaz que eu tinha conhecido no barco. Naquele momento, eu estava absolutamente sem capital de giro e sem recursos para investir na empresa. Havia comprado definitivamente a parte do meu irmão, Jefferson, no negócio, e pagado com todo o dinheiro que tinha. Portanto, em pouco tempo, teria que fazer um empréstimo em algum banco ou encontrar um novo sócio-investidor. Ao mesmo tempo, sabia que a Tarpon Investimentos havia acabado de fazer um IPO e, portanto, tinha dinheiro em caixa.

Entendi que talvez houvesse uma oportunidade ali: eles tinham capital, e eu precisava de recursos. Nunca havíamos passado pela experiência de ter um investidor ou fazer negócios com um fundo de private equity, mas, vislumbrando a possibilidade de ter um sócio capitalizado, me motivei a fazer negócio com eles. Assim, acionei o escritório do Pedro. Começamos a conversar, e, de fato, minha proposta despertou o interesse da Tarpon. Um dos detalhes que os motivou a trabalhar conosco foi uma planilha detalhada que fazíamos para registrar os resultados da empresa.

Essa planilha começou a ser feita nos anos 1990. Depois de alguns conflitos, eu havia feito um acordo com o meu irmão de mudar nosso contrato social. Em vez de dividirmos o lucro do negócio 50% para ele, 50% para mim, ele ficaria com um terço e eu com os outros dois terços. Jefferson continuaria sócio do negócio, enquanto eu conduziria a Arezzo segundo minhas crenças.

Para transformar esse acordo em realidade, eu precisava ter os resultados muito bem apurados. Então, reuni algumas pessoas ligadas à tecnologia que sabiam trabalhar com base de dados e, junto com elas, criamos arquivos de Excel detalhados com as informações financeiras da empresa. Dessa forma, eu poderia apresentar o resultado da empresa todo ano, seguindo os mesmos parâmetros e evitando dúvidas no momento de fazer a divisão com meu irmão. Isso nos levou a uma gestão ainda mais transparente, com governança e processos desenvolvidos mesmo sendo uma empresa de capital fechado. Se eu não tivesse planilhado as informações e me habituado a demonstrar resultados, talvez não causasse uma impressão tão positiva na equipe da Tarpon.

Uma decisão que tomamos durante a negociação com Pedro e seu time foi incorporar a Schutz, que havia sido criada pelo meu filho Alexandre e da qual eu era sócio de 50%. Fizemos uma fusão, a nossa primeira experiência em M&A, criando a Arezzo&Co — até então, apesar de eu participar de ambas, Arezzo e Schutz eram completamente

124

separadas. O Alexandre deixou de ter 50% na Schutz e passou a ter uma participação no grupo, avaliado em R$ 300 milhões na época (cerca de R$ 740 milhões hoje). Fiz essa mudança por dois motivos. O primeiro era porque juntos os dois negócios resultavam em uma companhia maior, o que viabilizava a entrada da Tarpon. O segundo era trazer para mais perto o Alexandre, que, mesmo jovem, já demonstrava potencial para me suceder (uma aposta que se provou um grande negócio, considerando a diferença que ele fez futuramente na empresa).

No final de 2007, quando fechamos negócio com a Tarpon, me recordo que fomos ao escritório do advogado deles, onde havia uma pilha de documentos equivalente à altura de uma mesa. Assinei todos os papéis, mas não me lembro de nos anos seguintes sequer consultarmos esses contratos.

Nossa relação com Pedro e seu time só melhorou e se aprofundou a partir de então. Ele tinha uma preocupação muito grande com o caixa. Assim, "entreguei a chave" para que pudesse administrá-lo da melhor forma. Eles nos ajudaram a implementar mais processos e melhorar a governança da Arezzo. Em compensação, tive liberdade para cuidar da execução do negócio. Foi uma relação muito bacana.

A Tarpon acertou ao acreditar no crescimento do nosso negócio. E nós acertamos ao escolhermos o fundo como sócio-investidor. Quando venderam sua participação, cinco anos depois e após nosso IPO, tiveram um lucro de, aproximadamente, 500% em relação ao que haviam investido. Foi um final feliz para eles e certamente foi uma satisfação para nós, pois proporcionamos a esse sócio um lucro jamais almejado por ele. Quando a parceria se encerrou, abri um champagne e, durante a reunião do conselho, brindamos a uma sociedade vitoriosa.

"NAQUELE MOMENTO, EU ESTAVA ABSOLUTAMENTE SEM CAPITAL DE GIRO E SEM RECURSOS PARA INVESTIR NA EMPRESA."

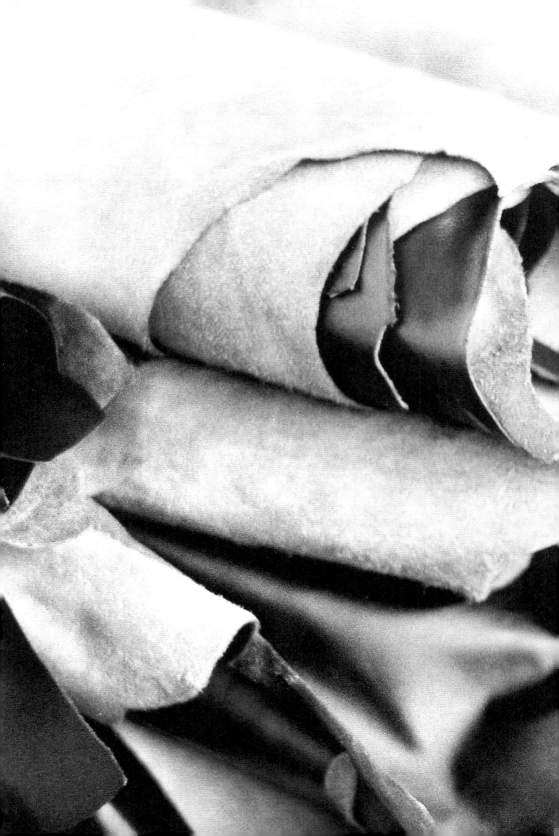

DETALHE DO PROCESSO DE CRIAÇÃO DE UM SAPATO

A EMPRESA QUE CABE EM UMA PASTA

Sempre trabalhei com o objetivo de não quebrar. Busquei construir um negócio de estrutura simples: sem passivos, com uma contabilidade que se resumisse a uma linha de contas a receber, outra de estoque e não muito mais que isso. Uma companhia que pudesse ser fechada a qualquer momento. Ou vendida.

Para a minha satisfação, foi a segunda alternativa a que aconteceu em 2007, quando a gestora Tarpon comprou 25% do nosso negócio. Fomos sócios da Tarpon por cinco anos. Em 2012, a gestora vendeu sua parte. Mas, ao longo desse período, já havíamos ganhado muitos outros sócios, porque demos outro passo importante na história da empresa: abrimos o capital na Bolsa de Valores em 2011.

Com isso, passamos a prestar contas publicamente aos acionistas, conhecidos ou anônimos, a cada três meses, sobre os detalhes do negócio. Revelar os números, justificar as decisões, compartilhar os planos para o futuro da empresa nem sempre são processos tranquilos para uma companhia – muitas vezes, por falta de organização, de clareza, de alinhamento interno e até mesmo de hábito. Ainda mais uma que, por quase quatro décadas, não precisava se expor para o mercado. Em fevereiro de 2011, no IPO (oferta pública inicial), recebemos cerca de R$ 500 milhões, que, traduzidos em dinheiro de hoje, seriam o equivalente a aproximadamente R$ 1 bilhão. Esse período costuma ser uma fase muito boa decorrente da abertura de capital. O desafio vem depois, quando chega a hora de entregar tudo o que se prometeu.

É preciso montar novas fábricas, abrir lojas, performar bem trimestralmente – levando isso em conta em planos de longo prazo, que são parte da estratégia de uma empresa como a nossa, que vislumbramos tornar centenária. Nesses mais de dez anos desde que a empresa se tornou listada na Bolsa, conseguimos sempre entregar mais do que prometemos, o que é uma raridade para o mercado.

Atribuo a nossa adaptação sem traumas a essa nova realidade empresarial ao fato de sermos uma companhia transparente e simples – como se pudesse "caber dentro de uma pasta", como sempre pensei e falei. O medo de quebrar desde o início foi meu maior incentivo para manter os pés no chão. Precisávamos ganhar dinheiro, atender às premissas de mercado mesmo quando não tínhamos outros acionistas a quem prestar contas. Essa organização que sempre impus à companhia me ajudou a não cometer muitos erros graves, apesar de dirigir a empresa sem parâmetros formais de governança, que só conheceria mais tarde.

Se eu encontrasse o "Mr. IPO", eu não o mandaria matar – como muitos que conheço gostariam de fazer. Mandaria fazer uma estátua em homenagem a ele, porque acredito que as imposições do mercado, como publicar resultados trimestrais e agir sempre com transparência, são fatores positivos para qualquer companhia. Uma empresa de capital aberto caminha no sentido de perpetuar o negócio. Isso não significa, no entanto, que não enfrentamos desafios na condição de empresa pública. Nem sempre o caminho é suave ou em linha reta. Houve e ainda há momentos difíceis e situações com as quais estamos sempre aprendendo a lidar.

De uma perspectiva pessoal, o maior desafio foi entender que, até um dia, ninguém mandava no meu negócio além de mim. De repente, isso mudou. Com a abertura de capital, junto com o dinheiro que entra, vêm sócios minoritários a quem se passará a prestar contas. A partir de então, é preciso considerá-los antes de tomar uma decisão. "Se eles estivessem aqui, decidiriam dessa mesma forma?" foi uma pergunta que tive que aprender a me fazer o tempo todo. Não foi um processo de aceitação tão simples, já que, por décadas, eu estava acostumado a fazer negócios do meu jeito, seguindo, principalmente, a minha intuição.

A LOJA QUE EU SEMPRE QUIS, POR UMA CARTEIRADA

Um episódio em especial ilustra esse dilema. Em determinada época, quando ainda tocava a empresa, eu desejava muito comprar uma loja em um shopping de alto padrão na cidade de São Paulo, contígua à que já tínhamos. Durante uma conversa com o proprietário da loja, coloquei um cheque em branco no bolso de sua camisa e fui embora. Esperava que ele preenchesse o cheque com o valor que bem entendesse. Minha proposta era clara: "Diga-me por quanto me vende, e eu pagarei".

Mas quando vi, ele vinha correndo atrás de mim para devolver o cheque. Conseguiu me alcançar, e tive de aceitar a folha de volta, obviamente indicando a negativa da venda. Alguns anos se passaram e meu filho Alexandre se tornou o CEO da Arezzo, em 2013. Então, um dia, cheguei ao mesmo shopping e dei de cara com ele conversando com o mesmo proprietário com quem havia falado no passado. Dessa vez, ele oferecia sua loja ao meu filho. Assisti à cena fixamente e, minutos depois, dei meu veredicto ao Xande sem titubear: "Compre logo essa loja".

A loja finalmente passou a ser nossa. Algumas semanas depois, tivemos a reunião do conselho de administração. Uma das conselheiras, que trabalhou no mercado financeiro, me explicou em que consistiu a minha atitude passada em relação àquela loja, e as implicações da decisão de comprá-la para o negócio, de um modo que me marcou.

"Na cultura organizacional que eu conheço", ela disse, "o que você fez significa dar uma carteirada – e você não podia ter feito isso." Carteirada porque impus minha vontade, sendo o fundador e principal dono da empresa, sem levar em conta o sistema de governança que já tínhamos implantado. Não considerei as etapas dos processos normais de uma companhia, que incluíam um plano de negócios para analisar se a compra seria ou não aconselhável do ponto de vista estratégico. Não fiz cálculos nem projeções para decidir comprar aquela loja. Apenas queria isso havia muito tempo e não perdi uma oportunidade. Era uma decisão baseada na minha intuição – e não em um planejamento de negócio ou em regras de governança.

Se eu tivesse percorrido o caminho padrão, a compra não teria sido autorizada. Porque, na planilha do Excel, aquela conta não fechava. Não fazia sentido para o negócio dobrar de tamanho a loja do shopping. Minha atitude também não seria aceita, porque eu estaria usando o meu poder para persuadir o proprietário da loja – uma postura que não combina com as boas práticas de governança corporativa. Na reunião seguinte, eu disse à conselheira: "Agora já está feito. Sinto muito, não acontecerá novamente, entendo e concordo que não é a maneira correta de tomar decisões em uma empresa de capital aberto".

QUANDO A INTUIÇÃO CONFRONTA O PLANO DE NEGÓCIO

Mas ela tinha razão em me chamar a atenção. Estava certa no que dizia. O problema é que isso ia contra o que eu sempre havia feito. Como dei carteirada ao longo da vida! O sistema de administração na minha época era baseado nesse tipo de conduta. Era um tipo de liderança diferente do atual. Por ser dono do negócio, naquele contexto, eu tinha uma liberdade de ação intrínseca.

No caso da loja do shopping, a minha intuição havia se provado correta – e não o plano de negócios. Considero que, em parte, foi sorte. Porque como podemos prever quando a realidade está mais próxima da sensibilidade do fundador do que do processo?

O episódio da carteirada que causou discussão no conselho balizou outras ações no futuro. Saí do comando da Arezzo&Co em 2013, e depois de seu conselho de administração, em 2017, também porque não queria me segurar o quanto precisava para não dar carteirada.

Quando você passa a vida inteira dirigindo o negócio por conta própria, passar a dirigir de forma colegiada é difícil. Considero minha decisão de sair – e delegar a companhia para outras pessoas – muito acertada e responsável pelo sucesso que a Arezzo&Co continua tendo. Um livro que me despertou muitas reflexões sobre esse tema é *A mentalidade do fundador*, de Chris Zook e James Allen, conhecido como Jim, que fala sobre a mentalidade do fundador continuar presente mesmo depois que ele deixa a empresa.

Até hoje, esse equilíbrio entre intuição e processos em uma companhia aberta é um dos principais dilemas do crescimento. No ambiente corporativo padrão, o ego é, em tese, proibido de entrar. Mas acredito que ele precisa estar presente em alguns momentos, sim. As grandes decisões de uma empresa são movidas por intuição, sensibilidade, paixão e ego. Sem o ego, não tem paixão. E sem paixão, não tem negócio. Mas em que medida esses elementos são saudáveis e não uma grave ameaça para o futuro de uma empresa?

Não tenho essa resposta. Ninguém tem. Porque não se trata de uma fórmula ou receita, mas sim de um equilíbrio tênue entre razão e paixão que precisa ser dia a dia calibrado. Para ter sucesso na empresa, em determinados momentos, você vai ter que agir apaixonadamente.

> **"AS GRANDES DECISÕES DE UMA EMPRESA SÃO MOVIDAS POR INTUIÇÃO, SENSIBILIDADE, PAIXÃO E EGO. SEM O EGO, NÃO TEM PAIXÃO. E SEM PAIXÃO, NÃO TEM NEGÓCIO."**

E SE FOSSEM SÓ FRANQUIAS?

No ano 2000, organizei um documento com reflexões chamado "SÓ FRANQUIAS", escrito em Campo Bom durante o mês de novembro daquele ano. Eu tinha uma ideia de que a Arezzo pudesse trabalhar exclusivamente com rede de franquias, diminuindo as vendas em lojas multimarcas, com as quais estávamos enfrentando algumas dificuldades. Tínhamos problema no atendimento por ausência de mostruário, fazíamos as entregas muito depois da programação das franquias, não investíamos nos representantes e tínhamos preços pouco competitivos.

Entendi que ao manter os clientes multimarca estávamos sendo simplesmente um fornecedor de produtos tal como a nossa concorrência, mas com qualidade inferior, o que enfraquecia nossa marca. Por outro lado, a empresa tinha uma estrutura muito bem organizada para atender os franqueados. Esse era o nosso diferencial no mercado, com condições que nenhum concorrente tinha.

Lembro-me de listar tudo que oferecíamos naquele momento: plano de marketing e comunicação; *flagship store* na rua Oscar Freire; treinamento de moda, tendências e atendimento; desenvolvimento de produtos; dez lançamentos anuais; atendimento centralizado para o franqueado; markup que garantia boa rentabilidade; serviço de gestão e informação para as lojas; sistema de logística com entregas centralizadas; atendimento ao cliente; store design; garantia de produtos; e proteção da marca.

Eu acreditava que seria possível ter uma franquia Arezzo em qualquer cidade na qual fornecíamos para lojas multimarca. Ou seja, aos poucos, queria substituir a venda dos nossos produtos em varejistas com oferta variada pela abertura de franqueadas que trabalhariam exclusivamente com nossa marca. Tinha certeza de que os consumidores, que viam nossas lojas em shoppings e em campanhas na mídia, ficariam felizes. Seria uma maneira de concretizar um pensamento que sempre me ocorria: "Por que não ter uma Arezzo no shopping de Campo Bom?".

Apesar de ter elaborado esse plano detalhado e desejar que ele se concretizasse, não foi isso que aconteceu, porque no mercado se dizia que as marcas deveriam ser omnichannel. "Omni" significa tudo: onde tivesse um canal, deveríamos vender. Eu, preocupado com a marca, queria guiar a distribuição minimamente para que nosso produto não se banalizasse. Mas minha ideia não foi aplicada naquele momento, apesar de, no longo prazo, a estratégia das franquias acabar prevalecendo. Hoje a Arezzo&Co é reconhecida pela sua rede, que tem 817 lojas espalhadas por todo o Brasil – sendo 439 da Arezzo, 226 da Anacapri e 62 da Schutz, 75 AR&CO e 14 Vans.

POSTURA DE FRANQUEADO

Planos à parte, a relação com os franqueados é um ponto crucial no nosso negócio e muito marcante na minha gestão. Eu nunca fui rápido na busca pelos franqueados. Essa era uma decisão na qual eu me demorava, pois precisava saber se o candidato tinha vocação para o negócio e se queria ser franqueado ou franqueador. Explico: se fosse franqueado, seguiria as orientações da Arezzo com absoluta tranquilidade e aproveitaria toda a estrutura compartilhada que mencionei acima como nossas forças; se tivesse espírito de franqueador, por sua vez, cedo ou tarde criaria suas próprias regras e teria impulsos de ser dono do próprio nariz, subaproveitando a experiência e orientação da franqueadora.

Quanto mais franqueados tivermos próximo a esse ideal, melhor, mas até hoje nos esforçamos para que isso seja a realidade. O franqueado ideal deveria abrir e fechar seu estabelecimento, acompanhando as clientes, deixando a gestão para o franqueador. Sempre digo que a grande virtude dele está em tirar o sapato da loja, não em colocar. Para saber o que colocar ele conta com a experiência e o histórico da Arezzo&Co em criar os produtos de acordo com as tendências e as vontades identificadas das clientes.

Porém, alguns insistem em vender determinados modelos ou acreditam que seu sucesso está em colocar um mix diferente, customizando demais. Às vezes, fazemos produtos para só um franqueado, uma produção pequena de menos de mil pares, o que para mim não faz sentido. Mas eles pagam pelo que colocam em suas lojas, e a Arezzo lhes dá a liberdade de escolha.

Até tentei fazer um teste com um grupo de São Paulo, que poderia se tornar referência para a compra de estoque no resto do Brasil – imaginava que os modelos escolhidos por esse grupo seriam os oferecidos às outras lojas. Mas a experiência não funcionou. Separei 200 sapatos diferentes e sugeri que comprassem dentro desse universo de escolhas. No fim, eles adicionaram mais 300 modelos, ampliando as opções para 500. Apesar de eu nunca ter encontrado uma maneira de direcionar essa vontade de customização, visto que até hoje a maioria dos franqueados gosta de ter variedade e fazer suas escolhas, construí ao longo dos anos uma relação muito próxima, gentil e sincera com eles. Sempre houve muito respeito e mais fortalezas do que fraquezas no modelo de franquias da Arezzo&Co. Orgulho-me muito do sucesso que construímos juntos com nossos parceiros donos de lojas.

"'OMNI' SIGNIFICA TUDO: ONDE TIVESSE UM CANAL, DEVERÍAMOS VENDER."

NAS PÁGINAS ANTERIORES,
ANDERSON E ALEXANDRE
BIRMAN. AO LADO,
ANDERSON BIRMAN
E AUGUSTO BIRMAN

AO LADO, ANDERSON BIRMAN
E ALEXANDRE BIRMAN
NO EVENTO DE CELEBRAÇÃO
DE 50 ANOS DA AREZZO.
ACIMA, ANDERSON BIRMAN,
ALEXANDRE BIRMAN E,
AO FUNDO, FRANQUEADOS
DE SALVADOR, REBECA
REGUEIRA E MARIDO, NA
GALERIA AREZZO

AO LADO, ANDERSON BIRMAN E ALEXANDRE BIRMAN NO EVENTO DE CELEBRAÇÃO DOS 50 ANOS DA AREZZO. ABAIXO, IVETE SANGALO, ALEXANDRE BIRMAN E ANDERSON BIRMAN NO EVENTO DE CELEBRAÇÃO DOS 50 ANOS DA AREZZO

OS VÁRIOS MOMENTOS DO E-COMMERCE NA AREZZO

Com a pandemia de Covid-19, o mercado passou por grandes mudanças. Como empresário, admito que fui surpreendido pelo impacto. Nunca havia vivido uma situação que nos obrigou a fechar todo o comércio ao mesmo tempo. Para se adaptar ao isolamento social e ficar próximas dos clientes mesmo com as lojas fechadas, as empresas foram obrigadas a reforçar suas operações digitais.

Hoje não tenho dúvidas de que a estratégia do e-commerce foi – e é – vencedora. Porém, nem sempre acreditei nela. Apesar de brincar que, depois da pandemia, virei o maior fã do e-commerce no mundo, houve uma época em que até proibi a venda online na empresa.

Eu considerava a venda pela internet algo instável. Acreditava muito na importância das vendedoras, que atendiam os clientes dentro das lojas, explicavam sobre os produtos e os convenciam a fazer a compra. Na loja digital não existia esse contato.

Além disso, existia uma questão que até hoje discuto: como manter o estoque ideal? Assim como em uma loja física, a loja virtual deve ter o mínimo de ruptura (falta de produto) e, ao mesmo tempo, o menor estoque possível (o que considero idealmente dois sapatos para cada um vendido).

Adiei, então, a decisão de fazer o e-commerce da marca Arezzo. Vejo hoje que essa escolha teve um aspecto positivo, já que a internet era um mercado incerto e os brasileiros não estavam habituados à compra online no início dos anos 2000, portanto, essa operação geraria pouca receita naquela época.

Com o tempo, mudei meu pensamento e entendi que era preciso se adaptar às necessidades das consumidoras. A Arezzo lançou o e-commerce em 2011 e, desde então, fui vendo que a equipe estava mais preparada do que na época em que eu era o presidente da empresa. Talvez seja porque os mais jovens convivam com esse novo tipo de tecnologia desde o início de suas carreiras. Mas acredito que haja outro motivo decorrente desse.

Na época em que eu era o CEO, os recursos tecnológicos ainda eram pouco difundidos no Brasil. Hoje os jovens nascem dentro desse meio, portanto, acabam sendo eles que garantem o sucesso do e-commerce. Enquanto isso, nós, mais velhos, transitamos de um mundo analógico para um mundo digital. Diante dessa constatação, tenho a seguinte tese: a maior barreira de compra online para o consumidor mais maduro é a falta de familiaridade com as ferramentas tecnológicas.

Talvez, se você chegar com um tablet para esses consumidores e lhes ensinar a acessar a loja virtual, eles vão passar a comprar por lá. Nesse caso, o modelo que faz mais sentido é o da venda direta, que já existe em várias empresas e que faz o produto chegar à casa dos clientes por meio de revendedores. Esses profissionais, devidamente treinados, espalhados pelo Brasil poderiam pegar na mão das pessoas e ensiná-las a comprar pelo e-commerce ou direto pelo seu catálogo, o que permitiria a vendedora fazer uma curadoria para o cliente. Mas não adotamos esse modelo na Arezzo. Houve uma época em que considerei a venda direta. Fiz a conta imaginando que teríamos 5 mil vendedoras – 10 por loja em 500 lojas – e que, se cada uma vendesse, por dia, um par de sapatos, seriam 5 mil pares por dia. Mas não fomos em frente, nem preparamos as pessoas para essa possibilidade.

TECNOLOGIA DE PRODUÇÃO

Apesar da minha resistência inicial ao e-commerce, sempre fui a favor do uso de tecnologia na produção. Atualmente, as fábricas da Arezzo usam tecnologias para executar tarefas que na minha juventude só poderiam ser feitas à mão. Um exemplo é o processo de encaixe na palmilha como suporte para tiras grossas em sandálias. Antes, o encaixe era feito por uma pessoa, mas agora existem máquinas que realizam o mesmo trabalho.

As máquinas de cortar couro também são surpreendentes. Parecia improvável que haveria uma substituição de humanos nessa tarefa, porque antes só profissionais especializados eram capazes de identificar os defeitos encontrados nas peças de couro. Mas agora vemos que não é mais assim, principalmente com o avanço da inteligência artificial.

Acredito que, por mais que as máquinas facilitem e modernizem a produção, nunca devemos deixar de investir nas pessoas. Os profissionais imaginam e criam um produto bem feito, enquanto a tecnologia é um meio para fazer esse produto chegar ao consumidor – que hoje é muito exigente em relação à velocidade de entrega de compras virtuais.

"HOJE NÃO TENHO DÚVIDAS DE QUE A ESTRATÉGIA DO E-COMMERCE FOI — E É — VENCEDORA."

CUIDAR DE GEOGRAFIA

CAPÍTULO 5: UMA REFERÊNCIA NO SETOR

Em 2012, os sapatos Arezzo&Co chegavam aos Estados Unidos pela primeira vez. Apesar da complexidade em torno do tema exportação, pensar na geografia de um negócio é essencial.

A chave para a expansão de uma empresa, independentemente do setor, é atingir públicos novos e maiores. Por isso, gosto de pensar na geografia do negócio como um jogo de War. No tabuleiro, para atingir seu objetivo e vencer a partida, é preciso estratégia: disputar os territórios certos, na hora certa – e saber defender suas fronteiras. Se você quer um país, não adianta atacar o mundo inteiro de uma vez. É preciso ter foco. Da mesma forma, a expansão do negócio precisa ser estratégica e focada nos objetivos da empresa.

Aprendi isso há muitos anos, na década de 1990, quando o momento de abertura político-econômica do Brasil me permitia pensar em trazer uma grande casa de moda americana para cá. Eu gostava muito da marca. Como tinha recursos e entendia do negócio, estava certo de que era uma boa decisão. Então, procurei as pessoas responsáveis pela empresa e falei que queria abrir uma loja aqui. Para minha frustração, elas me disseram que não. A prioridade da marca era conquistar a China e o mercado asiático, logo, não fazia sentido abrir uma loja em um país da América Latina. Prestei atenção ao argumento e a partir daí aprendi a importância de cuidar da geografia.

Hoje muitas marcas querem abrir lojas na Europa e nos Estados Unidos, em cidades com peso no mercado da moda, como Paris, Milão e Nova York. Contudo, acredito que, antes de ter um plano para conquistar todo o mundo, você precisa conquistar seu país de origem – e levar em conta muitas variáveis para definir os passos seguintes.

Hoje consolidada, líder e respeitada no mercado brasileiro, a Arezzo&Co aposta no mercado norte-americano por meio da Schutz, Alexandre Birman e mais recentemente Arezzo. Vejo nos Estados Unidos um ponto de sucesso da marca, apesar das dificuldades enfrentadas durante a pandemia e de uma competição muito mais intensa, que é uma realidade daquele mercado para as mais variadas indústrias. E também no mercado europeu, movimento que começou com a marca Alexandre Birman, hoje se solidificou com a aquisição da Paris Texas, marca de calçados italiana, e com a aquisição da Vicenza, que historicamente exporta para a Europa aproximadamente 50% da sua produção.

Chegamos aos EUA com o objetivo principal de buscar redes de departamento que pudessem gerar vendas relevantes para nossos produtos, como a Nordstrom e a Bloomingdale's, além de reforçar a operação de comércio eletrônico e desenvolver produtos que atendam melhor o consumidor norte-americano. Com a chegada da pandemia, todavia, o cenário mudou: nosso ritmo forte de expansão precisou ser reduzido, e a estratégia, repensada.

Fechamos lojas e investimos mais pesado no e-commerce, além de unificar as coleções, que antes eram separadas, ganhando escala e agilidade.

Tudo foi e é pensado com muito cuidado, e todos os nossos produtos seguem sendo produzidos aqui no Brasil. Assim como no jogo de War, no mundo corporativo é preciso expandir seus territórios pouco a pouco para alcançar seu objetivo, sem nunca esquecer de defender suas fronteiras. Espero ainda ver nossa marca espalhada pelo mundo, mas sempre prestando atenção às nossas raízes e lembrando de onde viemos.

LOJA DA SCHUTZ NA MADISON AVENUE, EM NOVA YORK

"SE VOCÊ QUER UM PAÍS, NÃO ADIANTA ATACAR O MUNDO INTEIRO DE UMA VEZ. É PRECISO TER FOCO."

O QUE AS MULHERES QUEREM

Essa sempre foi uma pergunta crucial para o sucesso da Arezzo – e continua sendo até hoje. Esteve sempre na minha cabeça quando eu era o CEO da empresa, desde que migramos o negócio de calçados masculinos para o de femininos. Precisávamos dessa resposta para criar os sapatos que agradariam o gosto das nossas clientes. Sem isso, nosso negócio teria seus dias contados.

O problema é que não se trata de uma pergunta com resposta fácil. Nem única. Nem exata. Tampouco constante. Existem muitos tipos de mulheres. Por exemplo, aquelas que querem mais elementos de moda; aquelas que querem menos; as que compram em maior quantidade e frequência; e as que escolhem bastante antes de decidir pelo produto. Talvez haja tantas respostas quanto mulheres no mundo. Multiplique esse valor pelas oscilações no gosto que todos nós temos. Às vezes, num mesmo dia, gostamos de uma coisa e de outra, totalmente diferente. Logo entendi que não teria um método mais efetivo do que tentar adivinhar o gosto das mulheres, usando, para isso, uma mistura de intuição e informações que levantávamos continuamente.

A tentativa era de acertar sempre. Nessa busca, era preciso levar em conta a complexidade da missão. Seguindo essa receita, erramos muitas vezes, é claro. Mas acertamos muito também. Com o tempo, os aprendizados empíricos e a mente sempre repetindo a pergunta como um mantra, cheguei a alguns aspectos comuns à maioria das consumidoras em relação ao tema. O primeiro deles é que jamais um sapato pode agredir o hábito. Se o pé da mulher fica com a aparência grande, sua imagem agride o hábito, e ela não vai gostar do produto. Portanto, a tendência é que o calçado tenha poucas vendas. O mesmo vale para a escolha da cor. Há tons que sabemos, pela experiência, que agridem o hábito e, por isso, são pouco vistos nos pés femininos.

O segundo aspecto vai na contramão do primeiro: o que agrada o hábito vende mais. Nessa categoria entram os sapatos que aumentam a altura da mulher – disfarçadamente. Mulheres altas sobre sapatos de salto causam a impressão de elegância. O terceiro segredo é respeitar os clássicos. Há modas que vão e vêm, mas há aqueles modelos que nunca saem do gosto das mulheres. Por exemplo, sapatos pretos. Eles representam entre 20% e 30% das vendas do grupo Arezzo&Co.

Mesmo quando lançamos algo novo, entendi que deveríamos partir do tradicional. A cor, o salto, o modelo já conhecido (daí a importância de respeitar o hábito) e a novidade expressa num tom diferente, numa forma que surpreende ou no tom da estação.

Transformei essas percepções sutis em segredos industriais e regras que agora compartilho com o leitor. Por causa desses aprendizados, sob a perspectiva do produto que serve seus pés, hoje me considero um especialista em mulheres.

O SONHO DO ESTOQUE ZERO

"Não tem." Essa é a frase dita com frequência dentro de qualquer loja. No caso de sapatos, por exemplo, a cliente gosta de um modelo, mas o par do seu número não está disponível. O modelo que estava buscando não existe exatamente como tinha imaginado. Aquele sapato que tanto desejava já saiu da coleção.

Sempre que ouço "não tem", fico com uma grande sensação de perda, porque, se o produto estivesse disponível, teríamos uma venda garantida. No varejo, essa perda é chamada de ruptura. Claro que as vendedoras dão um jeito; são treinadas para entender o desejo da cliente e lhe apresentar produtos similares.

Mas eu gostaria de ter sempre o produto certo na hora certa. Se soubesse a resposta para resolver esse problema, provavelmente teria criado o negócio mais rentável do mundo. Acredito que o sucesso de uma empresa como a Arezzo&Co é diretamente proporcional à capacidade de lidar com essa questão que não tem uma resposta exata, e de decidir a quantidade de produtos que devemos manter nas prateleiras.

Por que dizemos "não" em vez de dizer "sim, temos o que você procura"? É uma questão complexa de estoque, uma dificuldade que existe em todo negócio de varejo. O calcanhar de Aquiles de qualquer loja, seja ela física ou virtual, é dimensionar o estoque proporcional ao seu tamanho, para que o maior número possível de clientes encontre o que deseja quando passa por ela. Mas existe uma diferença entre o ideal e o real.

Ninguém do setor será a favor do estoque em excesso, visto que isso é sinônimo de dinheiro parado. Quanto menos, melhor. Eu mesmo sonho com o estoque zero – ou muito próximo disso. Porém, a Arezzo&Co precisa manter um mínimo de estoque intermediário para alimentar a rede, e as lojas precisam manter um mínimo de produtos para fazer as vendas. Encontrar essa medida é o primeiro desafio do varejista.

O segundo é saber o que as clientes desejam. Vamos fazer estoque *do quê?* É um exercício difícil de adivinhação e psicologia, porque precisamos entender o que as mulheres vão querer no futuro. Hoje temos o auxílio de dados e de inteligência artificial para melhorar as previsões, mas acertar o que está na cabeça das clientes ainda é missão quase impossível.

A RESPONSABILIDADE DE ASSINAR EMBAIXO

Trabalhamos com um número de cobertura nas lojas de dois para um, ou seja, se uma loja vende aproximadamente mil pares de sapatos por mês, ela deve manter uma média de dois mil pares em estoque. Porém, além de manter essa média, é necessário que as franquias tenham qualidade na compra – a habilidade de imaginar o produto que terá demanda e acertar a oferta escolhida, considerando as características da cliente que compra naquela loja específica.

Há um tanto de sensibilidade envolvido nessa escolha, e, adicionalmente, é necessário assumir a responsabilidade de fazê-la.

154

Eu mesmo, que sempre tive sensibilidade e intuição para opinar na compra dos outros, nunca fui um comprador. A pessoa que tem essa função precisa assinar embaixo de suas decisões.

Outro ponto delicado no gerenciamento de estoque das franquias, que eu observava durante meu tempo como presidente da Arezzo, era que a maioria dos franqueados não tinha um controle consistente dos produtos em loja nem seguia a reflexão dos três "R": repor, remanejar e represificar. Uma vez que o produto está na loja, é preciso acompanhar seu desempenho. Eu considerava que um par de sapatos deveria ser vendido aproximadamente em 42 dias. Se isso não acontecesse, deveria entrar na promoção. Mas esse conselho nem sempre era seguido pelas pessoas da ponta.

VALE DA MORTE OU DO SUCESSO?

Lembro-me que durante uma época contratamos um profissional para fazer os pedidos nas fábricas. Ele acreditava que existia um vácuo (ausência de pedidos) no final de temporadas. Por causa da menor demanda, os fornecedores tendiam a aceitar qualquer pedido e cobravam preços abaixo dos praticados normalmente. Esse vácuo acontecia entre o final de maio e o começo de outubro, na passagem da coleção de inverno para a de verão. O nosso comprador o batizou de "vale do sucesso". Então, nesse período, ele aproveitava para encher nosso estoque. Eu, por outro lado, chamava esse período de "vale da morte", visto que, da mesma forma que comprávamos mais barato dos fabricantes, vendíamos mais barato para os franqueados. Isso porque raramente esse estoque atendia ao que nossos lojistas realmente precisavam. Como sempre priorizei uma governança democrática, respeitava a decisão dos diretores com quem trabalhava na época, que sempre votavam a favor da compra desse estoque. Mesmo que raramente a Arezzo tivesse lucro, eles seguiam com a esperança de que em algum momento acertaríamos a compra. Mas, enquanto estive na operação da empresa, nunca acertamos.

SOLUÇÕES PARA O FUTURO

A pandemia de Covid-19 aumentou a necessidade de atenção ao estoque da empresa. Estávamos em época de lançamento de coleção, com muitos produtos em trânsito, mas os lojistas suspenderam os pedidos, o que nos fez atingir uma alta quantidade de produtos em estoque – e que vendemos abaixo do preço de custo, ocasionando prejuízo.

Apesar da turbulência decorrente do contexto, acredito que a Arezzo e outros varejistas, com a evolução da tecnologia, conseguirão cada vez mais se aproximar do estoque zero.

Seria fantástico se pudéssemos fazer os sapatos sob demanda, mas isso ainda não é viável. Mas usando a tecnologia como meio, podemos trabalhar para ser mais eficientes e entregar mais rapidamente o produto para lojistas e para clientes.

A IMPORTÂNCIA DA RELAÇÃO COM A CLIENTE

Se fosse possível voltar no tempo e dar um conselho para o Anderson de décadas atrás, eu teria muito o que dizer, visto o aprendizado que a vida me trouxe. Mas talvez o conselho mais importante seria: "Deixe a cliente sempre satisfeita. Uma cliente satisfeita é a que vai voltar". Na verdade, esse foi meu objetivo desde o início da empresa. Eu só não conseguia enxergar que existiam diversas formas de fazer isso.

Durante um período, eu não considerava o atendimento ao cliente como um meio relevante para atingir esse objetivo, por exemplo. Considerava, sim, um custo desnecessário. Então, decidi desmanchar o nosso call center, que ficava em um prédio em Campo Bom, no Rio Grande do Sul. Mas a decisão durou pouco. Uma varejista, como a Arezzo, não pode ignorar críticas e sugestões das consumidoras – e logo entendi isso. Precisávamos de um meio de comunicação com elas, então retomamos o setor. Em alguns casos, os contatos recebidos geravam situações surpreendentes. Certa vez, por exemplo, uma cliente devolveu um sapato que tinha sido mordido pelo seu cachorro. Ela ligou no call center pedindo outro – como se fosse nossa a responsabilidade sobre a atitude de seu animal de estimação. Ao saber disso, minha reação foi de inconformismo. Pensei: "O que a gente tem a ver com isso?". À frente da empresa, minha orientação naquele momento foi não fazer nada.

Para minha surpresa, tempos depois, quando eu já estava na presidência do conselho da Arezzo&Co, outra cliente enviou seu sapato de volta para nós, pedindo outro, pois também havia sido mordido por um cachorro. Dessa vez, as pessoas do marketing decidiram presenteá-la com um sapato novo – e com um cachorrinho desenhado na palmilha. Achei uma medida exagerada. Porém, para eu pagar minha língua, esse acontecimento se tornou viral, e houve milhares de posts positivos na internet sobre a nossa iniciativa. Em 2017, depois da minha saída do conselho da empresa, fiquei sabendo de outro caso surpreendente.

Uma cliente com deficiência, que usava cadeira de rodas, havia comprado pela internet um tênis da Arezzo com zíper. Fez isso porque acreditava que seria fácil de calçar na sua condição. Mas quando recebeu o calçado, viu que o zíper era só um adereço. Então, o devolveu, explicando a razão pela qual ela não poderia usá-lo. Por decisão da nossa equipe, o tênis foi adaptado, tornando o zíper funcional, para facilitar que ela o calçasse. Na palmilha estava impresso seu nome, e, junto ao sapato, ela recebeu uma cartinha escrita à mão. A filha da cliente postou a história no Facebook, e mais um episódio envolvendo nossa empresa viralizou de forma positiva.

Hoje percebo que estava errado – ou, ao menos, com a visão restrita sobre o atendimento ao cliente. Se fosse para me dar um conselho no passado, eu diria para não encerrar o call center e aproveitar esses acontecimentos inusitados do dia a dia para reforçar a relação com a cliente, que é tão importante para nós.

AS LIÇÕES QUE APRENDI COM A CONCORRÊNCIA

Sempre gostei de visitar meus concorrentes. É uma maneira de aprender, de me inspirar com o trabalho de outras marcas e entender qual é a moda do momento. Hoje esse é um hábito mais do meu filho Alexandre do que meu. Mas quando essa prática fazia parte da minha rotina, eu logo me identificava ao entrar nas lojas, fosse no Brasil ou no exterior: "Sou o Anderson, dono da Arezzo". Presenciava as reações mais diversas. Algumas pessoas se assustavam, outras gostavam da minha sinceridade.

Fazia isso porque me sentia mais confortável me apresentando. Considerava um gesto gentil, de bom gosto. Acredito que a transparência é fundamental não apenas dentro da companhia que fundei – como está escrito em nossos princípios –, mas também na relação com os competidores.

Outro motivo para me identificar era o fato de eu ser um profissional da área. Ou seja, o jeito como olhava e manuseava cada peça era diferente do de um cliente regular. Eu conhecia os detalhes, observava as nuances de como o produto havia sido fabricado, seus materiais e acabamento. Além disso, frequentava só lojas de sapatos femininos. Os vendedores poderiam pensar que eu estava comprando um presente, por exemplo. Por isso, preferia deixar claro que eu era apenas um sapateiro em busca de referências.

Não queria, no entanto, ser tratado de forma diferente de um cliente normal, recebendo mais ou menos atenção do que qualquer outra pessoa. Porque gostasse o concorrente ou não da intenção da minha visita, seus produtos eram públicos, expostos para quem quisesse ver. Nada me impedia de estar ali. Portanto, me comportava no ambiente como mais um consumidor olhando as vitrines e as peças.

Antigamente, quando a internet ainda não fazia parte da rotina dos brasileiros e não havia imagens disponíveis nos sites, eu costumava fotografar dentro das lojas com minha câmera analógica. Nem sempre isso causava uma boa impressão nos funcionários do lugar. Em algumas ocasiões fui escorraçado dos estabelecimentos. Mas aprendi a lição e passei a negociar: tirava certa quantidade de fotos e, em troca, comprava alguns sapatos.

Por sempre ter respeitado os concorrentes, construí boas relações com eles. Nunca procurei maneiras escusas de acessar o que eles estavam fazendo. Também não me interessava retirá-los do jogo, pois considerava importante a diversidade de empresas no mercado, cada uma inovando à sua maneira, inspirando as demais e levando todas a buscarem melhorar sempre.

A procura por referências é tão natural para mim que se tornou regra entre as diferentes marcas da nossa companhia. A marca Arezzo pode se inspirar na marca Alexandre Birman, que, por sua vez, pode se inspirar na marca Schutz. Nossos concorrentes já se inspiraram várias vezes em modelos da Arezzo&Co. Confesso que quando isso acontece eu me alegro, porque significa que estamos tendo sucesso.

CASOS MEMORÁVEIS

Uma das concorrentes de quem mais me recordo é a estilista Teresa Gureg, que tinha uma marca de sapatos com seu nome e fez bastante sucesso nos anos 1980 e 1990. Ela criou uma sandália toda marrom, na qual me inspirei para fazer uma versão com solado de poliuretano (PU). Fiz milhões de pares, que agradaram as clientes e ficaram anos à venda em nossas lojas por causa do grande sucesso. Lembro até hoje a referência dessa sandália: 198.

Lembro também que na capital fluminense tínhamos um concorrente com preços inconcebíveis. Ele vendia sapatos por R$ 100, quando na verdade deveria vendê-los por R$ 200. Eu sempre me inspirava em seus modelos, mas não em seus preços.

Transformei meu negócio algumas vezes aprendendo com a concorrência. Hoje conquistamos um sucesso do qual me orgulho. Dou esse crédito ao nosso modelo de negócio, que prioriza a felicidade da cliente e a liberdade do franqueado. Os ganhos da empresa são consequência.

"A PROCURA POR REFERÊNCIAS É TÃO NATURAL PARA MIM QUE SE TORNOU REGRA ENTRE AS DIFERENTES MARCAS DA NOSSA COMPANHIA."

O VALOR DO CONSUMIDOR

Há conhecimentos sobre o nosso negócio que só conquistamos com o tempo. É o que nós, sapateiros, costumamos chamar de "cultura sapateira". São as habilidades que devemos desenvolver para gerir uma empresa nessa área. Conhecimentos sobre as fábricas, a matéria-prima, o varejo e até mesmo marketing. Lembro-me de uma situação emblemática que me ensinou uma lição importante sobre o universo da nossa empresa e que ajudou a desenvolver a cultura sapateira na Arezzo.

Queríamos fazer uma campanha publicitária e procuramos o Ricardo Guimarães, que alguns anos depois fundaria a consultoria Thymus Branding. Na época, ele ainda tinha uma empresa chamada Guimarães Associados. Quando Ricardo visitou a fábrica verticalizada que tínhamos na avenida Brigadeiro Eduardo Gomes (em Belo Horizonte), apaixonou-se pelo processo de produção dos sapatos. Ficou fascinado com o fato de que juntávamos 150 materiais diferentes, fracionávamos e depois juntávamos tudo outra vez até chegar ao resultado final: o calçado.

Inspirado pela visita e usando a criatividade que lhe sobrava, Ricardo pensou em uma campanha que mostraria os bastidores de cada etapa da produção de um sapato. Elaborou uma analogia da nossa indústria com o chapéu Panamá, feito de palha por tecedeiras. Gostamos da ideia e aprovamos a campanha. Então, foram feitas lindas fotografias de sapatos "em construção", com closes na costura, por exemplo, mostrando a fase industrial.

No entanto, ainda que maravilhosa, a campanha não vendeu muito. Não foi culpa do Ricardo. Na verdade, ele estava certo. A produção do sapato é realmente encantadora, e ele captou a essência da Arezzo em seu trabalho. O problema é que as consumidoras não estavam preocupadas com os bastidores. Elas gostavam de ver o produto pronto. O que lhes interessava era o resultado final: é estiloso, confortável e de qualidade? Se sim, queriam comprar.

Apesar do desempenho ruim das vendas, essa experiência nos ajudou a entender sobre marketing e a compreender melhor quem é a nossa consumidora final. Aprendi que ninguém está preocupado com o esforço que as empresas fazem para entregar os produtos. Pode parecer cruel, mas também sou assim quando vou comprar algum produto. Para o cliente, importa menos o nível de dificuldade para atendê-lo e mais a satisfação que aquele produto lhe trará. Ele compara concorrentes, e quem oferecer o melhor custo-benefício ganha.

Acredito que esse aprendizado serve para outros negócios também. Das várias oportunidades que avalio, que envolvem questões industriais e as suas dificuldades, pergunto: o consumidor enxerga o valor disso? Se a resposta for não, nada feito. Mas, às vezes, a resposta é sim. Hoje, por exemplo, percebo que os clientes estão mais preocupados com questões ambientais e de sustentabilidade, algo que antes não estava tão em pauta. Em 2011, a Arezzo&Co lançou a coleção Pelemania, de produtos feitos com pele de raposa e coelho. O lançamento foi muito criticado pelo público. Tanto que decidimos retirar das lojas a coleção e paramos de produzi-la. Mesmo depois de anos de experiência, às vezes cometemos erros, pois nem sempre conseguimos captar as tendências, vontades, desejos e restrições das nossas clientes.

Para me nortear no universo sapateiro e em assuntos de marketing, criei um lema: tudo o que agride o hábito não vende. Por exemplo, não adianta começarmos a vender sapatos ortopédicos quando a moda é usar saltos de 15 centímetros. Por mais que eu saiba que o primeiro é mais confortável e prejudica menos a postura que o segundo, as mulheres não estarão interessadas nessa compra. No fim, uma grande lição que aprendemos é que nem sempre podemos ressaltar nossos próprios valores nos produtos, mas sim o que o consumidor reconhece como valoroso.

"HÁ CONHECIMENTOS SOBRE O NOSSO NEGÓCIO QUE SÓ CONQUISTAMOS COM O TEMPO."

A HORA DE SEGUIR EM FRENTE

CAPÍTULO 6: O MAIOR NEGÓCIO DE SAPATOS DO BRASIL

"Papai, se você fosse o CEO do negócio hoje, poderia ser preso." Ouvi isso outro dia do meu filho Alexandre, que é desde 2013 o presidente da Arezzo&Co. É uma frase forte e me fez pensar. Ele disse isso porque perguntei a uma moça que trabalha conosco se ela pretendia ter filhos. Minha intenção era apenas saber seus planos, já que me interesso pelas pessoas que fazem parte da empresa. Ela trabalha na companhia há muitos anos, e, portanto, sinto que tenho alguma liberdade. Por outro lado, entendo a preocupação do Alexandre. Reconheço que a maneira de se relacionar no mundo corporativo mudou muito.

Por disparidades como essa, decidi deixar a direção da empresa em 2013 e, em 2017, saí também do conselho de administração. De fato, não me encaixo mais na forma de gestão de uma empresa dos dias de hoje por comportamentos que hoje reconheço não serem adequados. Falo muito palavrão, sou direto na comunicação e não uso terminologias ou técnicas corporativas que hoje estão na moda.

Popularizaram-se, no ambiente de negócios, termos como liderança, resiliência, melhores práticas, soft e hard skills, branding,

ANDERSON BIRMAN NO EVENTO
DE CELEBRAÇÃO DE 50 ANOS DA AREZZO

atração de talentos. Nunca usei essas palavras, não me aprofundei nesses conceitos. Quando entrevistava alguém para alguma vaga na empresa, meu principal critério de escolha era ir com a cara do indivíduo. Sempre tive um sexto sentido que me levou a boas decisões. Não usava recursos de avaliação tradicionais de RH. Continuo acreditando na importância desse faro e na minha técnica de entrevista, mas entendo que por isso fui ficando antiquado em meio a tantos novos recursos menos enviesados.

Um momento que marcou muito e ilustra bem a mudança dos tempos aconteceu alguns anos antes de eu deixar a cadeira de presidente, quando uma gestora de RH exigia que eu desse feedback para cada funcionário. Um feedback estruturado, listando os temas que abordaria. "Eu não vou fazer isso", dizia para ela. "Feedback eu dou na hora, de maneira objetiva, como sempre fiz com você e com todo mundo na empresa. Não preciso reservar horário na agenda de ninguém para isso."

Aos poucos, fui vendo o crescimento de uma modernidade na gestão, com a qual não me identificava. Foi quando resolvi abrir espaço para as pessoas mais jovens, que entendiam os novos costumes e linguagem. O Alexandre usa palavras atuais e coloca em prática novos modos de gestão de maneira brilhante. Não me arrependo da minha decisão. A Arezzo&Co é uma empresa moderna, e nas mãos do meu filho os negócios estão muito bem cuidados. Porém, quando optei por sair da direção, um dos meus receios era não ser mais escutado nem pelo Alexandre nem pela equipe. Mas aconteceu o contrário desde que me afastei – sinto que consigo contribuir ainda mais para o negócio.

Não tenho nada contra as terminologias da administração moderna. Tampouco contra o que elas significam na prática. Inclusive, estão dando muito certo na Arezzo&Co de hoje. Mas eu enxergava o dia a dia dos negócios de maneira mais simples e não recorria a tantos conceitos e conselhos de boas práticas. Eu resumiria o meu "estilo de gestão e liderança" em uma frase: tocar o negócio. Era isso o que eu fazia. Trabalhava. Muito. Acordava de manhã com a missão de terminar o meu dia e, no longo prazo, tornar o negócio mais longevo. Quando chegava em casa à noite, estava exausto. A minha sensação era de que, depois de um dia intenso de trabalho, eu "secava", não tinha mais de onde tirar energia. Até o dia seguinte. Da mesma forma, hoje vejo o Alexandre trabalhando muito. É o que temos de fazer à frente de uma grande empresa – independentemente do nome que escolhemos dar para isso.

ANDERSON BIRMAN E ALEXANDRE BIRMAN NO EVENTO PULSAR, NA BIENAL DE SÃO PAULO, PARA O LANÇAMENTO DOS CALÇADOS DE VERÃO 2024

O NASCIMENTO DE UMA MARCA: SCHUTZ

Certa vez, o professor João Bosco Lodi me escreveu uma carta dizendo que eu nunca deveria trazer meus filhos para trabalhar comigo. Ele era consultor e foi uma das primeiras pessoas a me atentar para temas importantes em uma empresa familiar – e aquele era um deles. Segundo Lodi, os integrantes da segunda geração precisavam ter a experiência de serem funcionários, trabalhando para outras pessoas que não fossem seus familiares. Na pior das hipóteses, caso não fosse possível para eles ocuparem um cargo em outra companhia, a alternativa seria criar um negócio novo e separado do principal para que cuidassem. Mas jamais deveria deixá-los entrar na empresa que já existe. Nunca esqueci seu conselho.

Meu filho Alexandre costuma brincar que nasceu dentro de uma caixa de sapatos – uma metáfora que não está tão distante da verdade. Eu visitava a fábrica da Arezzo todos os sábados, e ele sempre me acompanhava. Aos 7 anos, passava horas dobrando caixas para ajudar na linha de produção ou tomava conta da portaria. Aos 12, criou seu primeiro par. Diferentemente das férias da maioria das crianças, as de Alexandre acabavam na primeira segunda-feira útil de janeiro. Ele passava o restante do mês na fábrica e em feiras de negócios pelo Brasil. Passou por todos os estágios da fábrica, desde a produção até as áreas administrativas, como planejamento e recursos humanos.

Quando ainda era adolescente, visitamos a Fimec, feira internacional calçadista que acontece até hoje em Novo Hamburgo (RS). São apresentados vários produtos e materiais que fazem parte da produção de um sapato. Em uma das edições da feira, conhecemos o fornecedor espanhol de uma palmilha anatômica feita de cortiça com borracha, apropriada para a prática esportiva. Alexandre ficou muito interessado no produto. Depois disso, decidimos que ele viajaria à Europa para conhecer e desenvolver melhor suas ideias. Foi para a feira de couro Lineapelle, na Itália. Ainda esteve na Espanha para manter contato com o fornecedor da palmilha. Voltou ao Brasil inspirado pelo que havia visto e decidiu unir seu conhecimento sobre calçados com sua paixão por esportes – aos 14 anos ele foi campeão brasileiro juvenil de nado peito e fazia mountain biking. Decidiu criar sua própria marca focada nesse público aventureiro e esportista.

Aos 18 anos, mesma idade que eu tinha quando fundei a Arezzo, ele começou a Schutz, uma marca completamente diferente da minha. Os sapatos eram masculinos, feitos para atividades físicas ao ar livre como caminhada e trilha. Tinham um estilo parecido com o dos sapatos atuais da Birkenstock, a marca alemã conhecida pela sua icônica palmilha de materiais naturais.

A grande estreia da Schutz foi a coleção de verão de 1995. Alexandre comprou um estande na Francal (Feira Internacional da Moda e Calçados e Acessórios), que acontece na cidade de São Paulo. Para promovê-la, contratou como garotos-propaganda a triatleta Fernanda Keller e o navegador Amyr Klink. Só dois anos mais tarde, depois de uma temporada na Califórnia, ele fez o primeiro calçado para mulheres, que se tornaria o público da marca.

Engraçado pensar que foi um caminho parecido com o meu, na Arezzo, que também começou com sapatos masculinos.

Uma bota plataforma foi o que fez a Schutz se popularizar no mercado feminino. Como sempre digo, toda marca de sucesso tem um produto ícone por trás (assim como a Anabela foi para a Arezzo).

Logo depois que Alexandre criou a marca, um dos nossos fornecedores se interessou em fazer uma loja da Schutz na badalada rua paulistana Oscar Freire. Era um espaço pequeno, com cerca de dez metros quadrados. Fomos em frente. A loja já começou vendendo bem e se tornou um grande sucesso. Nessa mesma época, a Arezzo estava migrando para o Rio Grande do Sul, e fechamos as fábricas em Minas Gerais. Vendi o equipamento de uma das fábricas que desocupamos para a Schutz, que depois ocupou um prédio no Sul com esse maquinário.

Recentemente, visitei o Havaí, e, na loja do hotel onde me hospedei, havia alguns pares da Alexandre Birman à venda – marca que meu filho fundou aos 31 anos, conhecida por suas sandálias de salto alto supersofisticadas. A Schutz também está começando a conquistar mercado nos Estados Unidos. Tenho muito orgulho de ter incentivado e acompanhado a trajetória do Alexandre e vê-lo agora conquistando o mundo. Para mim, é uma linda história que ele construiu. E o melhor: de maneira independente.

LOJA DA SCHUTZ
NA OSCAR FREIRE

GIGANTE PARA MINAS, PEQUENO PARA A CHINA

Quando a Arezzo iniciou suas atividades, Belo Horizonte não era um polo calçadista. Vivíamos o fim do ciclo de uma geração de antigos fabricantes da região de Minas Gerais, que deixavam de ser competitivos diante das novas técnicas adotadas pela indústria. Com a exportação de calçados incentivada pelo governo brasileiro na década de 1970, a cultura tradicional de produzir sapatos de maneira artesanal foi gradualmente substituída pela cultura do pré-fabricado e industrial.

Para a Arezzo se tornar relevante no mercado, tivemos que enfrentar as barreiras tecnológicas no começo da operação. A região mais desenvolvida nesse sentido, onde poderíamos buscar conhecimento e mão de obra, era o Vale dos Sinos, no Rio Grande do Sul. Nos primeiros quinze anos, quando tínhamos fábricas próprias, levamos para nossa empresa as técnicas utilizadas ali. Contratamos uma centena de empregados que saíram do Sul para trabalhar conosco. Depois, no que chamamos internamente de Era do Varejo, na década de 1990, foi para lá que fizemos o outsourcing da nossa produção, um grande passo que nos permitiu sermos líderes das técnicas mais modernas de confecção de calçados. Com muito trabalho e aprendizado para acompanhar essa nova fase da indústria, a Arezzo se tornou precursora de uma geração de sapateiros. A partir da nossa empresa, surgiu um polo calçadista em Belo Horizonte. Naquele momento também se formavam diversos polos regionais para atender ao varejo local no Rio de Janeiro e em Fortaleza. Assim, abriam-se fronteiras para a indústria de sapatos além das regiões mais conhecidas, como o próprio Vale dos Sinos e Franca, em São Paulo.

INDÚSTRIA INDUTORA

Para montar uma fábrica de sapato, bastam sete instrumentos – entre eles, as escovas e a lixa. Apesar de hoje haver muita tecnologia disponível e máquinas robotizadas, o processo pode ser feito do começo ao fim com poucos equipamentos e com trabalho artesanal.

Assim como a maior parte da manufatura, a indústria calçadista é indutora de processos. Fazer calçados possibilita o desenvolvimento de fábricas que podem ser a base de outros setores, como se a indústria "subisse" a partir do sapato. Tanto que países como o Japão, que se tornou referência em produtos eletrônicos e automóveis, já foi um grande produtor de calçados, como o icônico tênis Tiger, mundialmente conhecido na década de 1960 e popular entre atletas. Depois, foi a época da Coreia do Sul, outro país que se desenvolveu rapidamente, produzindo carros, computadores e celulares, com indústrias gigantes como a Samsung. Agora é o momento da China, e costumo dizer que o ciclo do sapato será fechado no dia em que ele chegar à África, único continente que ainda não tem essa indústria desenvolvida. Há algumas empresas indo para lá. Quando essa migração acontecer em massa, a região se desenvolverá.

MADE IN CHINA

Como o setor calçadista utiliza muita gente em diversas etapas do processo, o custo da mão de obra é um fator relevante para a competitividade. Se antes as empresas norte-americanas iam para o Vale dos Sinos produzir sapatos, com a abertura do mercado chinês elas migraram para o outro lado do mundo, principalmente por uma questão de custo.

O fato de o Brasil ser um país relativamente pouco estável política e economicamente também contribuiu para diminuir a contratação das nossas pessoas nessa etapa de fabricação.

A Arezzo acabou aproveitando esse momento de transição para ocupar o espaço dos norte-americanos nas fábricas do Rio Grande do Sul, levando sua produção para lá.

No entanto, para a indústria em geral, a saída dos americanos não foi motivo de comemoração.

O mérito da China não foi apenas ter mão de obra mais barata. Sua abertura econômica permitiu reunir o melhor de cada país de referência. Eles utilizaram trabalhadores brasileiros e materiais italianos para fazer calçados.

Daqui, levaram quase mil profissionais que ensinaram as técnicas e ajudaram a montar a indústria por lá. Além disso, a China criou uma estrutura que permitia importar as melhores matérias-primas.

No Brasil, nunca se praticou uma abertura de verdade. A iniciativa do ex-presidente Fernando Collor no início dos anos 1990 foi um primeiro movimento, mas a nossa abertura é simbólica, com muitas barreiras. O Brasil é um país fechado porque boa parte de seus empresários é protecionista. Um protecionismo do qual discordo. Para mim, o consumidor é o mais importante, e quero oferecer a ele o que melhor houver no mundo, mesmo que isso me obrigue a enfrentar uma concorrência mais qualificada.

AREZZO DO OUTRO LADO DO MUNDO

Falar da China me lembra de quando tentamos entrar no mercado asiático, na Era Corporativa da Arezzo, entre 2000 e 2010. Apesar de eu ter prognosticado que não daria certo, fomos em frente. Um empresário da Prime Success, uma das maiores empresas de calçados da China naquele período, nos procurou por meio da Browns Shoes para fazermos negócio. A Prime Success tinha mais

> **"DEVERÍAMOS AGIR COMO NO JOGO DE TABULEIRO WAR, CONQUISTANDO UM TERRITÓRIO DE CADA VEZ, PORQUE TENTAR VÁRIOS AO MESMO TEMPO NÃO FUNCIONARIA."**

178

de 3 mil lojas no país, e nós seríamos a marca top de linha dentro de seu portfólio.

Nossa primeira loja foi inaugurada em 2008. Naquele momento, a Arezzo já estava em outros locais, como Portugal e Venezuela. Em ambos, entramos por meio de empresários que conheciam a nossa marca e queriam levá-la para seus países. Quando a Arezzo passou a considerar expandir sua internacionalização, debati muito com o Alexandre. Afinal, já estávamos na Europa, na América Latina e com plano de ir para a Ásia. Minha tese era que deveríamos agir como no jogo de tabuleiro War, conquistando um território de cada vez, porque tentar vários ao mesmo tempo não funcionaria.

De fato, não deu certo. Em 2011, dei uma entrevista para a revista Exame compartilhando nossa dificuldade para nos estabelecer na China — o plano inicialmente anunciado de abrir 300 lojas até 2016 nunca saiu do papel. Tivemos cinco e depois fechamos todas. Vários fatores contribuíram para o fracasso do projeto, como a valorização do câmbio, erros no processo e o contexto que não nos favorecia. Em uma conversa que tive certa vez, meu interlocutor me disse que vender sapato na China era o mesmo que vender geladeira para esquimó. Porque estávamos indo na contramão, oferecendo nossos produtos em um lugar que estava se especializando em exportá-lo para o mundo, construindo marcas fortes. Ele tinha toda a razão. Ficamos pequenos para a China. Mas o importante é que nos concentramos, cada vez mais, em sermos grandes no Brasil.

"PARA MIM, O CONSUMIDOR É O MAIS IMPORTANTE, E QUERO OFERECER A ELE O QUE MELHOR HOUVER NO MUNDO, MESMO QUE ISSO ME OBRIGUE A ENFRENTAR UMA CONCORRÊNCIA MAIS QUALIFICADA."

A INTUIÇÃO COMO PRINCÍPIO DA EVOLUÇÃO DE UMA EMPRESA

Sempre perguntei às pessoas da Arezzo o que elegiam como prioridade no negócio: localização, produto ou as pessoas que trabalham na loja. Eu tinha a localização em primeiro lugar, visto que sou do tempo em que lojas em pontos não estratégicos fechavam as portas e clientes não davam bola para quem estava vendendo o produto.

Mudei esse pensamento depois de uma reunião de diretores em que o ex-técnico da seleção brasileira de vôlei Bernardinho, e membro do CPCG (Comitê de Pessoas, Cultura e Governança), explicou a importância das pessoas para uma companhia. O produto, por sua vez, é obrigação de qualquer empresa – todos que querem competir devem oferecer uma boa peça. Hoje sei que o diferencial está nas pessoas. São elas o carro-chefe de um negócio bem-sucedido. São as que proporcionam a primeira impressão sobre uma loja aos clientes. De que adianta criar o melhor sapato se não existirem pessoas capacitadas para vender e transmitir a mensagem da marca?

Essa foi uma das muitas adaptações que fiz em meu jeito de ver a empresa durante meu tempo como CEO da Arezzo. É essencial que ocorra uma evolução, um amadurecimento da marca ao longo dos anos para que ela continue relevante, moldando-se ao que o mercado pede no momento presente.

Mas é trabalhoso manter o equilíbrio entre os três aspectos de uma loja – ponto, produto e pessoas –, e buscar que esse equilíbrio acompanhe gerações. Vejo a beleza na harmonia com que isso ocorre na Arezzo, que completou 50 anos de vida em 2022. Não planejei que fosse assim. O que fiz foi sempre ouvir minha intuição. Ela é o meu verdadeiro braço direito nas decisões que tomo na vida. Mas foi preciso aprender sobre que assuntos ouvir dela, e quais, não. Por exemplo, minha intuição não funciona tão bem com investimentos pessoais feitos por conta própria. A maioria das vezes em que a usei para escolher onde colocar dinheiro, sem ouvir especialistas, acabei perdendo.

Certa vez, ouvi a explicação sobre o tema do psicólogo israelense Daniel Kahneman, ganhador de um Prêmio Nobel de Economia. Segundo ele, a intuição tem vantagens e desvantagens. Apesar de ser mais rápida que uma abordagem racional, é mais propensa ao erro. Por isso, ele concluiu que usar a intuição para investir, de fato, não costuma ser bom.

Em compensação, a intuição sempre me ajudou em decisões estratégicas e na escolha de produtos para as nossas marcas. Um exemplo recente que me deixa muito satisfeito: a compra da Reserva. Foi partindo de uma sensação de que daria certo que orientei Alexandre na direção de fechar o negócio. Mas, claro, só fomos em frente porque havia respaldo racional, a partir de estudos estratégicos dos negócios e de aprovações em todas as instâncias necessárias. Começamos bem essa união, e acredito que trará a todos muito sucesso ainda.

Com o passar do tempo, sinto que minha intuição foi deixando de ser tão apurada. Talvez seja consequência da falta de necessidade de usá-la, afinal, hoje já não estou à frente do negócio. Ou ainda o menor volume de responsabilidades. Mas me orgulho de aprender a usá-la ao longo dos anos à frente da empresa, equilibrando-a com a racionalidade.

"HOJE SEI QUE O DIFERENCIAL ESTÁ NAS PESSOAS. SÃO ELAS O CARRO-CHEFE DE UM NEGÓCIO BEM-SUCEDIDO."

SAPATOS EXPOSTOS NA LOJA
DA AREZZO NA OSCAR FREIRE

"FOGUETE NÃO DÁ RÉ"

Em outubro de 2020, em meio à pandemia de Covid-19, a Arezzo&Co adquiriu a Reserva. Selamos um acordo que fez a empresa entrar em uma nova era de desenvolvimento, diversificando os nossos produtos: de calçados a vestuário. Sobre esse momento, gosto de dizer que a Reserva foi uma aquisição; a outra foi Rony Meisler.

Por três meses, antes da aquisição, tive a oportunidade de conviver com ele, que é um carioca espirituoso, criado em Botafogo. Fiquei impressionado com a sua criatividade – traço que considero ser o seu maior diferencial. Antes dos 40 anos, Rony já havia conseguido construir e transformar o pica-pau vermelho, que é a logomarca da Reserva, também em um dos símbolos de vestuário masculino mais cobiçados no Brasil.

Durante as conversas que antecederam a união das nossas empresas, percebi um lado racional em Rony, que é ponderado e preza a análise de cenários antes dar o passo seguinte. Notei que a característica fazia um contraponto importante à personalidade de Alexandre, meu filho, que, por vezes, age de forma mais intensa.

"Equilíbrio" foi a palavra que ecoou na minha cabeça no tempo em que Alexandre e eu conhecemos Rony e negociamos a compra.

Uma das cenas mais marcantes desse período foi a do dia em que Rony e Xande estavam no meu escritório, em São Paulo, momentos antes de decidirmos fechar o negócio.

"Você tem certeza do que quer?", perguntei a Rony, buscando uma confirmação de que ele estava disposto a não só vender sua empresa, mas também embarcar em um novo empreendimento conosco. Eu ainda disse: "Você nunca teve patrão na vida, e agora vai ter: o Alexandre", um comentário de um empreendedor para outro, que sabe que um modelo hierárquico de gestão pode não ser o mais almejado.

Em um tom de admiração – e de quem pede um conselho para alguém que já passou pelo que Rony iria passar –, ele me pergunta: "Se você fosse eu, o que faria?".

Expliquei que, assim como em diversas outras ocasiões da minha trajetória profissional, o estreitamento de laços com a Reserva foi um movimento motivado pela minha intuição. A aproximação das empresas parecia claramente um caminho errado: até 2020, a Arezzo&Co tinha sido especialista em sapatos femininos; a empresa de Rony, por sua vez, fazia vestuário masculino. Mas eu vislumbrava uma estratégia inusitada, que consistia em colocar tênis feminino nas lojas da Reserva, levando mulheres a comprar calçados em um ambiente antes dominado por produtos masculinos.

Decidimos seguir com a compra. A humildade e a determinação de Rony, somadas às análises estratégicas da junção dos negócios, me deram segurança para concretizar a ideia. Ele me confirmou, como já suspeitava, que, mesmo direcionados para públicos distintos, nossos negócios combinavam, especialmente na sofisticação casual dos nossos produtos e na valorização do preço justo e da qualidade.

A decisão pela união com a Reserva também tem a ver com a minha convicção de que é importante ter pessoas jovens na administração de um negócio – só assim uma empresa se renova e permanece relevante mesmo com o passar do tempo e das tendências.

Dois anos depois da compra, já aprendi muito com Rony – e sigo aprendendo. Além de empreendedor, ele é, como gosto de chamar, "um ensinador por natureza". Suas falas conseguem mobilizar pessoas para objetivos comuns. Ele inspira propósito. Não à toa as nossas marcas cresceram nos últimos anos e as nossas famílias se aproximaram, criando um importante laço de amizade. Como ele próprio diz com frequência, "foguete não dá ré".

ANDERSON BIRMAN E RONY MEISLER, FUNDADOR DA RESERVA, NO EVENTO DE CELEBRAÇÃO DE 50 ANOS DA AREZZO

"JÁ APRENDI MUITO COM RONY — E SIGO APRENDENDO. ALÉM DE EMPREENDEDOR, ELE É, COMO GOSTO DE CHAMAR, "UM ENSINADOR POR NATUREZA."

TRABALHAR PARA NÃO QUEBRAR

Meu lema sempre foi trabalhar para não quebrar. Cheguei a essa conclusão ouvindo histórias do meu amigo José Murilo Procópio de Carvalho – a quem sempre chamei carinhosamente de Procópio. Advogado especialista na área comercial, atendia muitas empresas em falência ou recuperação judicial. Eu era uma das poucas pessoas que podiam andar com ele sem que o mercado achasse que havia um problema na Arezzo, porque todos sabiam da nossa grande amizade e da boa condição financeira da nossa empresa.

Durante anos, fizemos sauna juntos todo domingo, um hábito sucedido por uma refeição de abobrinha recheada na minha casa. Nesses encontros, era comum falarmos sobre os muitos casos com os quais Zé Murilo lidava em seu escritório. Ele me contava sobre as pendências e os erros que as organizações cometiam, citando o nome apenas quando o caso era público. Assim, cheguei à conclusão de que o meu objetivo deveria ser evitar um fim trágico para o meu negócio.

Foi essa convicção que me levou a tomar várias decisões, como ter uma estrutura simples (a empresa que cabe numa pasta), custos enxutos e evitar misturar o pessoal com o empresarial. Além disso, especialmente durante as crises, sempre me lembro de que não são os mais fortes nem os mais inteligentes que sobrevivem, mas sim os adaptáveis. Estou constantemente buscando formas de me adaptar. Já desisti de vários negócios na vida quando chegava à conclusão de que não dariam retorno; mas da busca nunca desisto.

Durante mais de cinco anos, Zé Murilo foi nosso conselheiro. Ele deixou o posto no mesmo momento em que deixei o conselho da Arezzo&Co. Mesmo eu estando mais distante da rotina da empresa, continuei com a mentalidade de trabalhar para não quebrar. Até pouco tempo, sentia estar com um desafio diante de mim: a Arezzo&Co foi uma das poucas empresas de sapatos que sobreviveu, nas últimas cinco décadas, enquanto tantas outras sucumbiram, e nosso crescimento poderia bater no teto em algum momento. Mas a aquisição que fizemos da marca Reserva projetou uma nova era de desenvolvimento para nossa empresa. Entramos no mercado de vestuário para diversificar.

Conversamos por cerca de três meses com o Rony Meisler, fundador da Reserva, antes de concluir a compra. Seu desempenho nos negócios é impressionante, e sua presença, mais ainda – ele está em todas. Agora junto ao nosso grupo, cuida da área de vestuário, algo que para ele também representa um novo empreendimento.

Como em tantas vezes na minha trajetória, foi uma decisão que tomei ouvindo a intuição. Alexandre estava bastante aberto para minha opinião, e eu disse para ele: "Faça. Parece um caminho errado, porque a Arezzo&Co é especialista em sapatos femininos. A Reserva faz vestuário masculino. Mas tudo o que consegui na vida foi fazendo coisas certas de maneira errática". Dessa vez, o próprio Alexandre me lembrou desse padrão.

Nossos negócios – Arezzo e Reserva – combinam. A sofisticação casual é parecida. Nenhuma das marcas briga por preço baixo, valorizando preço justo e qualidade. Essa aquisição foi um marco grande, e o sentimento de união é o que prevalece para mim neste momento. Acredito que ainda temos muito a aprender uns com os outros, e vamos somar esforços para que nunca precisemos da ajuda de Zé Murilo.

ANDERSON BIRMAN SEGURANDO UMA SANDÁLIA MEIA PATA NA FÁBRICA DA AREZZO. AO LADO, LOJA DA RESERVA NO LEBLON, RIO DE JANEIRO

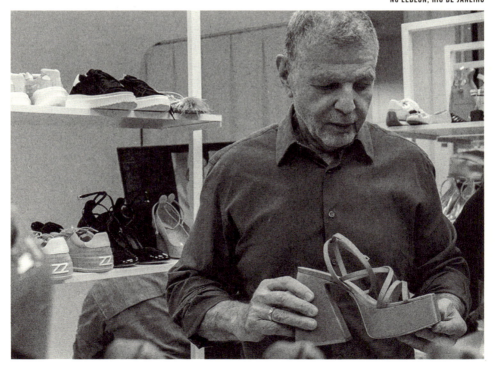

AREZZO 2154

Mesmo eu tendo me afastado da gestão e do conselho de administração da Arezzo, como fundador, sócio e pai do atual CEO, compartilho muitas preocupações que a empresa tem tido ultimamente. Optei por fazer dela uma companhia familiar ao passar o comando para um de meus filhos. Mas não sabemos de quem esse cargo será depois que o Alexandre se aposentar. Pode ser ocupado por outra pessoa da nossa família ou por um executivo do mercado.

Ser presidente de uma empresa requer uma combinação de muitos atributos. A pessoa precisa ser capaz de gerenciar e, ao mesmo tempo, entender de produto – no nosso caso, sapatos, acessórios e, mais recentemente, roupas. Essas duas habilidades são algo que eu e o Alexandre temos em comum, mas reconhecemos que não é uma mistura fácil de encontrar no mundo empresarial. Percebi isso quando tentei implementar um curso de 30 dias para nossa equipe. Eu pensava que treinar a linha de frente era um bom negócio.

Queria que os melhores gerentes se tornassem consultores de campo e que os melhores consultores de campo se tornassem gerentes. Colocar todas as pessoas para aprender sobre caixa, estoque, mas também sobre o ofício de sapateiro, independentemente do cargo que ocupassem. Até que mudei de ideia.

Convenceram-me de que nem sempre um bom vendedor é um bom gestor, e vice-versa. Hoje entendo que é importante estar familiarizado com as diversas funções que a posição exige para se aproximar do consumidor final, mas não necessariamente ser excelente em todas as atividades.

MENTALIDADE DE FUNDADOR

A minha preocupação com a sucessão está relacionada a uma crença de que a pessoa que estiver no cargo de liderança da Arezzo&Co, seja quem for, deve sempre trabalhar para não quebrar a empresa. É uma meta que sempre tive e que desejo que seja lembrada no futuro. Apesar de acreditar que uma companhia não deve se apegar aos métodos de governança do fundador, ela deve manter sua essência viva.

Ao longo dos anos à frente da Arezzo, constatei que nem toda mensagem precisa passar pelas hierarquias superiores de uma empresa. As pessoas têm a mania de delegar tarefas, e muitas delas sobem. Vão parar desnecessariamente no fundador, que acaba cuidando de problemas que poderiam ter sido resolvidos antes. Outra consequência é que, de tanto centralizar as atividades, o dono pode ter dificuldade de passar o bastão quando chega o momento. Sempre me preocupei com a renovação dos processos dentro da empresa. Passei meu bastão com segurança e não me arrependo, pois a Arezzo&Co está indo muito bem com o Alexandre. O que nos faz refletir mais é o longo prazo – um tempo tão distante que talvez eu já não esteja mais aqui para lembrar as pessoas do objetivo original da nossa companhia. Nos princípios da Arezzo&Co, está escrito: "Na dúvida, aja". Em outras palavras, comporte-se como se fosse o dono. Implementar essa cultura é importantíssimo para buscarmos a perenidade.

MUDANDO O MODELO DE NEGÓCIOS

Depois que saí do conselho da Arezzo, o Alexandre vem me procurar mais vezes para ouvir meus conselhos. Uma das questões que mais gosto de conversar com ele é sobre o futuro do modelo de negócios da Arezzo&Co. Hoje funciona também por meio do showroom eletrônico em que os franqueados assistem a uma apresentação da coleção nova e decidem quais sapatos comprarão para suas lojas.

Acredito que no futuro a companhia vai deixar de fazer o showroom para se tornar um negócio de logística, o que representaria entrar de vez no mundo digital. Ter o produto certo na hora certa, com a menor cobertura de estoque possível – para mim, esse é o jogo do futuro.

Outra questão que tenho abordado com o Alexandre é sobre mudar o nosso PeD (Processamento Eletrônico de Dados), usado principalmente para emissão de nota fiscal, para uma fábrica de software. Uma fábrica de calçados sempre vai precisar de alguém para discriminar cor, salto, modelo e detalhar o sapato. Ter um software é fazer isso eletronicamente. Em outras palavras, assim que o cliente pedisse um sapato para a fábrica, o sistema de software já acionaria digitalmente a Arezzo&Co, que por sua vez disponibilizaria para ele a ficha técnica daquele produto, tornando muito mais eficiente o processo que hoje acontece por meio do showroom. Com isso as relações com as lojas e com os shoppings mudariam muito.

Com um sistema unificado como esse, o medo de delegar tarefas que podem ser facilmente resolvidas pelas camadas mais altas da hierarquia não aconteceria, pois todo mundo teria acesso ao que está em todos os setores dentro da empresa. Mas indo além de apenas uma marca, acredito que o modelo de logística tende a ser compartilhado entre outras marcas.

Vejamos marcas de roupas concorrentes, cada uma delas tem seu próprio centro de logística, sendo que seria melhor se

> **"PASSEI MEU BASTÃO COM SEGURANÇA E NÃO ME ARREPENDO, POIS A AREZZO&CO ESTÁ INDO MUITO BEM COM O ALEXANDRE."**

fossem compartilhados. Se essas marcas tivessem um software compartilhado, quando o cliente fosse à prateleira de um, ao mesmo tempo estaria na prateleira do outro. Para isso, precisaria de um bom sistema de dados, em que se constataria o quanto cada uma delas vendeu, e a renda seria justamente distribuída. Pode parecer meio futurista o que estou dizendo, mas, com meus anos de experiência, acredito que é para esse caminho que o mundo dos negócios está se dirigindo.

ATÉ 2154

Durante uma palestra do indiano Ram Charam, um dos consultores de negócios mais requisitados do mundo atualmente, descobri que pouquíssimas empresas no mundo existem há mais de 150 anos. Isso ficou na minha cabeça. Estávamos no ano de 2004, e, contando a partir dali, passei a desejar profundamente que a Arezzo atingisse essa marca. Foi assim que nasceu a ideia de chegarmos ao ano 2154. Quero que a gente continue inovando até lá. Hoje essa ideia já é conhecida na nossa empresa. Vivemos e trabalhamos para alcançar esse objetivo. Para isso, é importante que os futuros CEOs preservem a cultura de longo prazo dentro da companhia e se dediquem a inovar o nosso modelo de negócios para que sempre acompanhe as mudanças do mundo.

A Arezzo&Co não pode crescer e se tornar um emaranhado de processos e sistemas antigos nos quais as pessoas acabam se perdendo e ainda afasta os clientes. Todos precisam cuidar dela como donos, entender um pouco sobre cada função, desempenhar bem seu papel e lembrar sempre de quem está na ponta. Só chegaremos a 2154 se continuarmos fazendo nossos clientes satisfeitos.

"FOI ASSIM QUE NASCEU A IDEIA DE CHEGARMOS AO ANO 2154."

CRISE, CALMA E OPORTUNIDADES

CAPÍTULO 7: DURANTE A PANDEMIA DE COVID-19

Todos os textos deste capítulo foram escritos entre março de 2020 e junho de 2021. Eles foram mantidos exatamente iguais a como foram escritos na época, para não perderem a autenticidade do contexto peculiar da pandemia de Covid-19. Portanto, os dados e informações ali presentes estão desatualizados e devem ser relativizados.

Às vezes, as pessoas acham que ser um bom gestor é um dom, uma habilidade natural. Em certa medida, pode até ser. Mas é preciso aprender e aperfeiçoar muitas capacidades também. Passei por diversos aprendizados para liderar a Arezzo&Co. E uma das minhas maiores lições foi saber passar por crises.

Em 2020, vivemos mais uma crise dentre tantas por que o mundo já passou. O que me assustou na pandemia da Covid-19 é que nunca antes me lembro de ter vivido uma situação que afetasse, ao mesmo tempo, a oferta e a demanda. Por um lado, tivemos que fechar nossas lojas, e boa parte das clientes deixou de comprar. Por outro, paramos a produção, para evitar o contágio nas fábricas e não colocar a vida de nossos empregados em risco.

No início dessa crise, o Alexandre estava na dúvida se antecipava a oferta ou se atrasava a demanda. Em outras palavras, se criava estoque reserva ou se mantinha o estoque a zero. Em um ambiente como esse, antecipar a oferta é pecaminoso, na minha opinião. Deve-se respeitar a demanda que existe pelo produto. Quando eu ainda era o CEO da Arezzo&Co, dirigia a companhia durante as crises como nos momentos de bonança, ou seja, respeitando a procura do consumidor.

Ainda que tenha sido uma situação inédita, lembro-me do meu lema durante outros momentos difíceis que atravessei: toda crise apresenta oportunidades. É preciso se questionar: o que é muito atrativo em tempos de crise para o meu negócio? Sabendo disso, saía em busca das alternativas. Pode ser, por exemplo, um produto original. Um canal novo de comunicação entre a marca e a cliente. Uma oportunidade de investir no e-commerce. Nesse momento, o gestor precisa assumir a missão de encontrar novas maneiras de manter o negócio relevante. Acredito que nunca se deve focar em produto velho com preço de liquidação. A melhor estratégia é oferecer um produto novo.

Quando comecei o negócio de sapatos, ouvi de pessoas experientes que metade da população do mundo andava descalça. Concluí, então, que, no mínimo, eu tinha todas essas pessoas como potenciais consumidores de algum produto que poderíamos criar. Ao mesmo tempo, poderíamos desenvolver novos e atrativos sapatos para outra parte da população, aquela composta por mulheres que têm em média 40 pares no guarda-roupa e estão sempre buscando uma novidade.

QUEM SOBREVIVE SÃO OS MAIS ADAPTÁVEIS

O professor José Ernesto Bologna fala muito sobre as trincheiras de guerra em comparação às situações desafiadoras de uma empresa. Nas trincheiras há lama, sujeira, bichos e muita privação. De maneira similar, nos negócios, às vezes há momentos escuros, nos quais parece ser impossível encontrar oportunidades ou esperança, mas é importante não desistir. É preciso, sim, ter a sabedoria de ser conservador quando necessário. Mas também a ousadia para buscar alternativas.

Durante uma conversa em 2020, eu disse que, se tivesse que deixar de viver no apartamento em que morava para viver em outro de 20 metros quadrados, ou trocar meu carro por um menor, eu o faria com tranquilidade. Adapto-me com facilidade porque já passei por muitas situações diferentes na vida. Isso é libertador para mim. Não são os fortes nem os mais inteligentes que sobrevivem, mas os mais adaptáveis. Ajusto-me em tempos de crise, assim como me ajusto em tempo de bonança.

Em situações como a que vivemos, procurei manter a calma e a serenidade – e transmitir esse sentimento para quem estava ao meu redor. Seja qual for o cenário, e ainda que me preocupe com a empresa, busco manter a lucidez. Arrisco até a dizer que sou mais calmo em situações de instabilidade do que nos tempos bons. Penso que vou superar, não sucumbir.

Sempre acreditei que as pessoas encontrariam saídas criativas para os desafios que a pandemia trouxe para as empresas. Não existe negócio que esteja sempre em rota ascendente, com crescimento ininterrupto. Reconhecer isso é ter humildade. Estar em paz com as duas possibilidades – de continuar crescendo ou de viver uma queda – me traz calma. Não tenho a obrigação de prosperar sempre. Assim como comemoro os picos, permito-me passar pelos vales. O importante é não esmorecer, seja qual for a situação. E aproveitar cada oportunidade para se fortalecer e criar um pouco mais.

"NÃO SÃO OS FORTES NEM OS MAIS INTELIGENTES QUE SOBREVIVEM, MAS OS MAIS ADAPTÁVEIS. AJUSTO-ME EM TEMPOS DE CRISE, ASSIM COMO ME AJUSTO EM TEMPO DE BONANÇA."

O TARDAR DA CRISE

No dia 18 de março de 2020, publiquei no Brazil Journal, um veículo de comunicação fundado pelo jornalista Geraldo Samor, um artigo refletindo sobre como poderíamos superar a crise decorrente da pandemia de Covid-19. Dei minhas sugestões, considerando tantas outras experiências desafiadoras que vivi no passado. Naquele momento, contudo, não sabia que a situação que vivíamos pioraria tanto. Depois de três meses que as medidas de isolamento foram instituídas, notei que a realidade era muito pior do que havia antecipado naquele primeiro texto.

Desde então, me tornei mais pessimista sobre os possíveis cenários que esperavam o Brasil e o mundo. O otimismo que via em algumas pessoas não estava ancorado em fatos nem em nada concreto. Era motivado, na verdade, por sentimentos bons e por fé. É importante ter esperança em momentos como aquele, mas prefiro me ater à realidade. Sou mais pragmático.

Por outro lado, gostaria de ser mais otimista, até para influenciar positivamente meus familiares. Mas quando paro para pensar na minha idade e na dos meus filhos, concluo que eles estão na fase de se arriscar mais do que eu. Allan, meu filho, está nos seus 20 anos, e o sinto bastante otimista. Enquanto o mais velho, Alexandre, que já está nos seus 40 e tantos anos, está mais indeciso sobre o que espera do futuro, o que é normal para sua idade, levando em conta que ele já tem experiência o suficiente para entender da vida, mas não como eu, que já estou com quase 70 anos.

Não há garantia de que a cura será encontrada, apesar de centros de pesquisa ao redor do mundo estarem tentando desenvolver uma vacina para a doença. Um deles é a Universidade de Oxford, que iniciou os testes em pacientes, incluindo dois mil brasileiros. Mesmo que encontrem a cura, ainda levará meses para que a vacina esteja disponível em grande escala para cidadãos de todos os países. Até lá, corremos o risco de ter um novo surto durante a retomada das atividades, o que os especialistas chamam de "segunda onda" de infecção.

A Covid-19 pode ser como a Aids ou o câncer, doenças que ainda não dominamos e que atingem, somadas, mais de 1 milhão de pessoas por ano no Brasil. Supondo que eu esteja errado e que daqui a duas semanas o mundo encontre a cura para o coronavírus, as consequências econômicas ainda serão duras. Prevejo que elas começarão a ser sentidas a partir da segunda quinzena de junho ou no início de julho, porque agora as pessoas ainda estão usando as economias que restaram, recebendo ajuda do governo ou de projetos sociais. Mas quando a ajuda diminuir e o desemprego aumentar, como ficarão essas famílias mais vulneráveis?

Muitas empresas de diferentes tamanhos podem quebrar, principalmente as de aviação, pois ficarão pelo menos três meses sem vender passagens – e isso é insustentável. Temo, inclusive, pela própria Arezzo&Co. Teoricamente nossa companhia tem caixa até o final do ano, mas fico me perguntando se realmente vale a pena ter caixa e acumular dívida. Sabemos pouco sobre como ficará nossa vida depois da pior fase da pandemia.

Alexandre passou as últimas semanas nas lojas implementando as compras por WhatsApp, com as vendedoras fazendo atendimentos virtuais, já que as clientes não podem mais entrar para experimentar os calçados. Quer dizer, mantemos as lojas, porém, sem clientes dentro e sem a possibilidade de prova, o que sempre foi essencial no nosso negócio. Como a Arezzo, lojas de roupas e shopping centers inteiros estão sendo afetados. Uma realidade dura para uma indústria que depende fundamentalmente do faturamento de seus estabelecimentos.

Não bastasse a crise econômica na qual vamos entrar, estamos em meio a uma crise política. As instituições brigam entre si e há uma forte pressão para terminar a quarentena, apesar de a mídia mostrar diariamente que estamos chegando ao pico de mortes por conta da Covid-19. Basta ligar a televisão para entender o que estou dizendo. Testemunhamos conflitos em um momento que deveria ser de solidariedade.

A BUSCA DE FELICIDADE POR MEIO DA DOR

Mesmo com um nível de otimismo mais baixo do que quando eu era jovem, não perco a esperança. No artigo publicado em março de 2020, uma das minhas observações era que só sobrevive quem consegue se adaptar. Certa vez, conversando com o Allan, falamos sobre a diferença de perspectiva entre técnica e intuição. Ele sabia que poderia me mostrar qualquer oportunidade em setores que fossem mais lucrativos que o da moda e, mesmo assim, eu daria um jeito de defender por que eu continuaria trabalhando na moda. Explico isso dizendo que é porque vivo pela minha intuição, enquanto ele avalia a vida pela técnica. Ele, por sua vez, afirma que o que chamo de "intuição" é, na realidade, um viés — já que gosto mais de um assunto (moda) do que de outros.

A minha conclusão é que, seja por intuição, viés ou técnica, o importante é buscar ser feliz. Por isso, terminei a conversa com meu filho aconselhando-o a sempre seguir seu coração. Se o que o fizer feliz for seguir pela técnica e pelo maior lucro, então vá em frente.

Com a pandemia, confirmei algo que já sabia de outros tempos da minha vida: temos que encontrar felicidade por meio da dor. Não haverá mais tantos fatores externos para nos distrair. Em vez de estarmos entretidos pelo consumismo, teremos que enfrentar a nós mesmos. Quando isso acontece, percebemos como é importante estar em um lugar e fazer algo que verdadeiramente nos realize.

Recentemente fiz o teste para saber se já havia pegado coronavírus, e deu reagente negativo. Por um lado, fico aliviado, mas por outro seria melhor ter pegado sem sintomas e desenvolvido anticorpos. Agora estou com mais medo e receoso de saber que posso pegar o vírus. O exame me deixou ainda mais na retaguarda.

Se por um lado quero ficar mais recluso, para não me contaminar, por outro quero ser mais social, ver as pessoas, abraçar meus familiares. Sinto saudades da minha mãe, que vai fazer aniversário de 94 anos no dia 24 de junho, e não poderei estar com ela. Sinto falta disso tudo. E acredito que muitas pessoas devam estar sentindo falta disso também, algo que realmente os faça felizes.

> **"A MINHA CONCLUSÃO É QUE, SEJA POR INTUIÇÃO, VIÉS OU TÉCNICA, O IMPORTANTE É BUSCAR SER FELIZ."**

COMO SUPERAR A CRISE: 5 SUGESTÕES

É preciso estar pronto para se adaptar à abundância, mas também às crises.

Essa sempre foi minha maneira de pensar e conduzir os negócios. Mas compreendi o quanto o tema se fazia urgente ao ler a carta da Sequoia, um dos mais importantes fundos de venture capital do mundo, sobre os impactos do coronavírus na economia.

O texto traz uma citação oportuna: "Não são os mais fortes nem os mais inteligentes que sobrevivem, mas os mais adaptáveis". Em função de um problema de saúde global, este talvez venha a ser o pior momento econômico da história que já presenciei na vida. Mas estou certo de que passaremos por ele tão melhor quanto pudermos nos adaptar. Reconheço no cenário atual uma singularidade.

Em todas as crises que enfrentei desde a fundação da Arezzo, em 1972, o problema era sempre na oferta ou na demanda. Desta vez, vejo com clareza haver as duas coisas simultaneamente.

Apesar da constatação, estou calmo. Mais calmo do que costumo estar quando tudo vai bem. E mais calmo do que a maioria das pessoas que tenho encontrado. Percebi isso quando me perguntaram como eu podia estar em paz em meio ao atual turbilhão. Não soube responder de pronto, mas a questão me fez refletir. Concluí que se trata de uma combinação de fatores.

Empreender por mais de quatro décadas no Brasil significa já ter enfrentado uma série de crises, desafios e viradas no negócio. A Arezzo nasceu como uma pequena fábrica de sapatos fundada por meu pai, meu irmão e por mim, sem que nenhum de nós entendêssemos do assunto inicialmente.

Não nos tornamos sapateiros e criadores da maior varejista do setor no Brasil sem duras superações pelo caminho. A experiência me ensinou a passar por momentos adversos com serenidade. Decidi compartilhar aqui alguns dos aprendizados que tanto os anos de bonança quanto os de crise me ensinaram, e que hoje me ajudam a manter a calma na turbulência.

1. RESPEITE A CRISE, MAS FOQUE NO NEGÓCIO

É a primeira vez que me lembro de estar pensando e falando sobre a crise enquanto ela acontece. Hoje, já fora do dia a dia e do conselho de administração da Arezzo, tenho o papel de olhar para o negócio em perspectiva. Tenho, portanto, mais tempo para refletir sobre o presente e o futuro.

Mas enquanto estava à frente da companhia, mal me lembro das crises pelas quais o nosso país passou. Não porque eu negasse a realidade. Instintivamente, sabia que não podia titubear. Tinha que focar na empresa. Mais do que nunca, precisava identificar as oportunidades de melhoria, cuidar das pessoas e manter o crescimento. Agora vejo que esse movimento não calculado me ajudou a alimentar a capacidade de superação mais do que o medo dos obstáculos.

2. TODA CRISE TRAZ OPORTUNIDADES

Encontre-as. Seja qual for sua área de atuação, toda crise gera oportunidades. Sabendo disso, sua missão é descobri-las – com criatividade, inteligência e bom gosto. Pode ser o lançamento de um produto novo (e não estou falando de promoção, mas de algo novo mesmo, com projeto, engenharia e preço novos); a descoberta de um canal de distribuição mais adequado ao momento; a reavaliação de políticas de prazos; a suspensão de investimentos que podem esperar; ou o desenvolvimento de abordagens sedutoras para atrair os clientes. Aproveite a saída forçada da zona de conforto para inventar algo que não teria espaço se a vida estivesse normal.

3. RESPEITE A DEMANDA

Não antecipe a oferta. Um dos dilemas de varejistas em tempos de crise é manter um estoque menor, para evitar o risco de não ter dinheiro para pagar os produtos que não tiverem procura; ou um estoque maior, para ter a possibilidade de vender para aqueles que quiserem comprar em meio à redução da oferta. Minha posição é conservadora.

4. ADAPTE-SE. ADAPTE-SE

E adapte-se de novo. Só sobrevive quem consegue se adaptar. Sempre levei essa ideia a sério. É muito importante saber usufruir da abundância, assim como se fortalecer nos momentos de crise. Para mim, adaptar-se é o objetivo-fim, e não o meio. Estou sempre em busca de algo para me adaptar. Essa mentalidade faz com que a vida se torne uma aventura contínua e sem pressa – em vez de uma sucessão de obstáculos que precisam ser superados. Já desisti de negócios e ideias. Mas nunca desisti da busca constante que me move.

5. PERMITA-SE RETROCEDER

O que me faz viver nessa busca constante por adaptação é não nutrir expectativas por objetivos estáticos. Se, durante uma crise, o negócio entrar em baixa, tudo bem. Isso é permitido. Faz parte. Não tenho medo da crise econômica porque acredito que o cenário é simples: ou vou superar as dificuldades ou vou retroceder. Admitir sinceramente essas duas possibilidades me traz calma. Não tenho a obrigação de ter abundância sempre. Tenho, sim, esse desejo, e trabalho para isso. Mas ter também a opção de retroceder é libertador.

Aceite que sua demanda pode encolher. Depois pode aumentar de novo. A verdade é que não existe negócio que só aponte para cima. Se você cair, caia com jeito, para não se machucar a ponto de sair do jogo. Sempre se pode levantar – e avançar de novo. Viveremos um período de escassez. Haverá uma redução drástica no volume de negócios no mundo todo. Viagens, eventos, reuniões estão sendo cancelados – e a situação ainda pode se agravar. Mas estou certo de que o melhor jeito de superar essa crise é enxergar além dela.

Porque, cedo ou tarde, ela vai passar. E o que construirmos nesse período pode permanecer e nos levar mais longe.

O SER HUMANO PRECISA SER MAIS ESG

Há pouco mais de um ano, estávamos começando a viver uma pandemia, mas não tínhamos ideia do que significava isso, de quantas pessoas morreriam e de quanto tempo passaríamos confinados dentro de casa. Talvez até hoje ainda não tenhamos, uma vez que não sabemos até onde isso vai chegar.

No dia 18 de março de 2020, me arrisquei a publicar um artigo sobre como passar pela crise e superá-la. Meu recado principal naquele momento de muita insegurança era que nossa capacidade de adaptação seria fundamental para passar por esse momento. Foi meu conselho após mais de 40 anos empreendendo neste país, testemunhando outros momentos difíceis – que, hoje sei, não chegaram perto do que estamos experimentando agora.

Um ano depois, está claro que passamos por um dos períodos mais conturbados globalmente. Mais de 3 milhões de pessoas faleceram no mundo por conta da Covid-19. Ainda que continuemos no meio do turbilhão, me arrisco a fazer previsões para o pós-pandemia – com esperança de que, até o próximo ano, a vacina seja capaz de estancar a mortalidade. Agora, categoricamente afirmo: não basta nos adaptar; a humanidade precisa mudar.

Teremos um contexto duro pela frente. Prevejo que muito mais pessoas ficarão desempregadas e que nem as necessidades mais básicas estarão supridas, com a fome aumentando para muitos, como já está acontecendo. Outro dia estava assistindo à televisão e vi as pessoas aglomeradas na plataforma do trem em São Paulo. Como isentá-las da pandemia se sua única alternativa para trabalhar e ganhar o dinheiro do mês é o transporte público?

O contexto está nos convidando a uma transformação. Muito se tem falado sobre ESG nas empresas. Investidores cobram dos executivos decisões que beneficiem o meio ambiente, a sociedade e a governança. Mas acredito que o ESG também deva valer para as pessoas. Todos os seres humanos precisarão se tornar mais preocupados com esses três pilares e, assim como as empresas, adotar métricas para mensurá-los.

Nós todos precisamos considerar o que nossas ações geram para o mundo. Nos tornar menos egoístas e mais altruístas. As pessoas precisam começar urgentemente a enxergar o ser humano por trás de quem chefiam e por trás daqueles por quem são chefiados.

Claro que essa mudança nos indivíduos vai tornar mais fácil implementar o ESG nas empresas – que nada mais são do que um coletivo de indivíduos. Vai diminuir esse movimento de as companhias fingirem que estão preocupadas para de fato colocarem esse assunto como prioridade. Seres humanos mais ESG também vão cuidar mais do próximo, de quem está ao seu redor. Seres humanos ESG não vão organizar festas clandestinas, não vão abrir restaurantes em fase vermelha, não vão formar aglomeração na praia. Vão cuidar do seu espaço sem que o governo tenha que falar tanto sobre quais são as medidas adequadas.

Não podemos mais pensar apenas em nós mesmos. O que vale para um deve servir para todos. É preciso considerar o coletivo.

Acredito também que o ser humano será menos materialista. Nossa existência está ficando pesada demais para o planeta. Para os negócios, é ótimo. Vende. Mas teremos futuro se continuarmos assim? Vamos continuar tirando da mãe Terra mais do que ela pode dar? É hora de rever nosso consumo, da manufatura à comida que chega à nossa mesa.

E precisamos mudar rápido. Manter os velhos hábitos e comportamentos é lutar contra o que o mundo está nos mostrando. Não vamos voltar ao que éramos em 2019. Esqueça essa possibilidade. Precisamos adotar um novo jeito de viver, e a única solução é o ser humano se reformar.

"NÓS TODOS PRECISAMOS CONSIDERAR O QUE NOSSAS AÇÕES GERAM PARA O MUNDO. NOS TORNAR MENOS EGOÍSTAS E MAIS ALTRUÍSTAS."

DÁ PARA ENSINAR INTUIÇÃO?

CAPÍTULO 8: APRENDIZADOS DE UM EMPREENDEDOR

Sempre tive uma intuição muito forte – tanto para escolher pessoas quanto para o negócio em si. Muitas vezes, sabia dizer o que ia ou não vender numa coleção. Nunca acreditei no merchandising, ferramenta de marketing geralmente usada para escolher quais produtos destacar na loja – um processo feito com base no passado, olhando para o comportamento do cliente pelo retrovisor. Eu queria ver o futuro do produto, prever cenários – e isso não estava escrito em lugar nenhum. Por isso, continuo incentivando que se contratem pessoas intuitivas na empresa, apesar de toda a importância dos processos de seleção.

Como identificar as pessoas com uma intuição mais aguçada? Uma boa pergunta sem resposta exata. Para aumentar as chances de fazer uma contratação bem-sucedida, sempre orientei que se examinasse o comportamento das pessoas por meio de questões como: fale três revistas, três marcas, três estilistas de que gosta – o tema dependia do universo de cada uma. O objetivo era saber quem ela conhecia sobre o assunto que deveria entender. Normalmente pessoas que têm intuição respondem a isso com mais naturalidade. Mas nem sempre a intuição é confiável. A minha já falhou várias vezes. Produtos que achei que fossem ser um grande sucesso foram grandes fracassos. Ou o contrário: um modelo que eu intuía que não daria certo acabou dando.

Certa vez, me chamou a atenção um erro da concorrência. Um empresário do mesmo setor passou dez anos desenvolvendo uma sandália de salto alto que pesasse aproximadamente 140 gramas – o que era leve em comparação aos padrões de mercado. Ele colocou esse número como meta técnica para si mesmo e trabalhou duro para atingi-lo. Investiu em produção de máquinas desenvolvidas na Itália e produzidas na Coreia para conseguir isso. Quando finalmente o produto ficou pronto, fez um lançamento emblemático: amarrou a sandália a um balão, que subiu ao ar em uma grande festa. No entanto, o produto foi um fracasso de vendas. As consumidoras não queriam uma sandália de 140 gramas, mas, sim, de aproximadamente 240, que era o que mais compravam.

Acompanhando a experiência dele, aprendi a lição: é preciso consultar o consumidor. Muitas vezes, você está oferecendo mais do que a expectativa dele, e nem sempre isso é positivo. Meu concorrente poderia ter poupado um investimento robusto se o tivesse feito.

Os próprios sapatos já têm alguns limites intrínsecos. Algumas regras e convenções para a fabricação funcionam como parâmetros iniciais para as criações. Se fugir muito a isso, pode agredir o gosto ou a experiência do consumidor. Por exemplo, um salto não pode passar de 9,8 centímetros. Com base em testes, sabe-se que não há mulher que aguente ficar de pé sobre um salto mais alto que esse. Os sapatos com 15 centímetros de salto têm outros cinco centímetros na parte da frente da plataforma, para compensar.

Algumas convenções se referem às diferentes etnias. Por exemplo, o oriental tende a ter o pé mais curto e com pouco volume. O norte-americano tem o pé com pouco volume também, mas mais comprido. O sapato do brasileiro, que é uma combinação de várias etnias, é mais largo e avolumado. O comprimento médio dos dedos dos pés das pessoas também varia de acordo com a região de origem. Tudo isso já indica medidas e escalas, sobre as quais se pode criar, inovar.

Há ainda as variações de costumes. No Japão e no Chile, premia-se muito a durabilidade do sapato. As pessoas nesses países não costumam ter um calçado para cada ocasião de uso. É mais comum encontrar 4 ou 5 pares em um guarda-roupa do que 40 ou 50 pares, como se vê no Brasil. Já o conforto é unanimidade no mundo. Todos se preocupam com ele. Na minha opinião, independentemente do preço, e acima de qualquer intuição, todos os produtos devem ser confortáveis.

Em vários momentos da vida, pensei em escrever a minha intuição para que ela pudesse se tornar um processo replicável por outras pessoas. Refleti sobre como decodificá-la. Como vasculhar as razões que existem por trás dela. Porque a intuição, na verdade, é uma emoção a que não se dá um nome imediatamente por absoluta preguiça. Se nos esforçarmos um pouquinho refletindo sobre o que tem por trás de um *feeling* que diz que algo vai dar certo ou errado, encontramos um nome para o que estamos sentindo.

Ainda acredito que vai chegar uma época em que a intuição será escrita e poderá virar processo, replicado com a ajuda da tecnologia. Será possível listar as alternativas intuitivas e programá-las por meio de um algoritmo. Assim, um dos elementos mais importantes da mentalidade do fundador de uma empresa (conceito que aprendi no livro que leva esse nome – *A mentalidade do fundador* –, de Chris Zook e James Allen) é o faro incomparável e aparentemente inexplicável que só ele costuma ter. Será tranquilizador se a tecnologia puder levá-lo para as demais gerações por meio de inteligência artificial, preservando a mentalidade de quem começou o negócio ao longo do tempo.

"ACOMPANHANDO A EXPERIÊNCIA DELE, APRENDI A LIÇÃO: É PRECISO CONSULTAR O CONSUMIDOR."

A CLIENTE FELIZ

Ao longo de 50 anos de história, já vi, diversas vezes, entrarem nas lojas da Arezzo três ou quatro gerações de mulheres juntas. A avó, que leva a filha, que leva a neta – e, em alguns casos, a bisneta. Isso me faz imaginar que temos por aí várias clientes felizes, satisfeitas com a marca. Já ouvi meninas que realmente gostam de moda dizer "em vez de comprar um do importado, eu compro 30 da Arezzo", e momentos como esse me deixam muito orgulhoso, sinto vaidade disso. É um dos sinais mais claros de sucesso da nossa empresa.

Frequentemente passo o dia pensando na cliente feliz – e em como deixá-la, sempre e mais, feliz. Parte desse processo está em fazê-la se sentir na moda depois de cinco anos que comprou o sapato. Também é ser transparente, pois ela confia que seu novo sapato não a deixará na mão em nenhum momento desses próximos anos. É assim que deve ser.

Mas o que tem por trás desse sentimento? Por que, de fato, elas ficam satisfeitas? Por que continuam comprando com o passar do tempo? Por que voltam e trazem suas famílias? Para mim, a resposta está em uma combinação de princípios, comportamentos e produtos. Elementos mais ou menos tangíveis que fui decodificando ao longo da vida. Quanto mais claros para nós, mais fácil alimentá-los na rotina. A seguir, listo os principais aspectos responsáveis pela construção de uma base consistente de clientes felizes.

O QUE NÃO PODE SER TRANSPARENTE NÃO PODE SER FEITO

É preciso dizer a verdade para cada cliente que entra na loja. Você já escutou de uma vendedora de sapatos a frase "vai lacear", referindo-se a um calçado menor do que seu pé? Na Arezzo a minha orientação sempre foi para não prometer o que não pode ser garantido. Sapato tem que ser o número que a pessoa calça. Vender um número abaixo (ou acima) é enganar a cliente. Uma pessoa que se sente enganada pela vendedora não vai querer voltar àquela loja. Portanto, nunca enrole ninguém. A venda momentânea não compensa.

CRIE RELAÇÕES DE CONFIANÇA NO DIA A DIA

Você só vai saber se a cliente ficou satisfeita ou não um ou dois meses depois da venda. É quando vai lembrar se você deu a informação correta sobre a qualidade do produto que ela comprou, baseada na experiência que ela teve nesse período. Portanto, falar a verdade para a cliente pode às vezes não levar à venda momentânea, mas conquista a confiança no longo prazo. Para ela voltar à loja dias, meses, anos ou gerações depois, precisa, acima de tudo, ver credibilidade na marca. E quem representa a marca são as pessoas com quem ela interage.

QUALIDADE É IGUAL A CONFORTO + SEGURANÇA + LOOK

Aprendi, com duras experiências, que qualidade é formada por esse tripé. É comum que a cliente passe o dia sobre um salto – e não se lembrar disso é um ótimo sinal. Por isso, o salto não pode quebrar, nenhuma fivela pode arrebentar, nem a sola soltar. A cliente deve estar na moda.

PREÇO: COMBINADO NÃO É CARO

Tão importante quanto o tripé da qualidade é o preço. Sempre foi uma preocupação minha manter uma expectativa no consumidor de quanto ele gastaria na loja. Gosto de comparar com restaurantes. Quando vai a um lugar chique, você sabe que vai pagar mais caro. Assim como se for a um restaurante por quilo, vai gastar menos e será bem servido. Os dois podem ser bons para você – depende do que quer no momento.

O mesmo acontece com o varejo. A cliente escolhe a loja por faixa de preço. Espera encontrar valores mais ou menos dentro dessa expectativa. Se imagina gastar R$ 200 (por uma questão de histórico), a loja tem que estar pronta para corresponder a essa expectativa. Para isso, tem que manter uma coerência no longo prazo no preço médio de seus produtos. É importante não mudar a base da relação estabelecida.

A REGRA DOS CINCO SAPATOS: NA PRÁTICA FUNCIONA

Há algumas crenças que são verdades para mim, mas a experiência mostrou que estou errado. Um exemplo disso é a regra dos cinco sapatos, praticada em nossas lojas. Isto é, quando a cliente pede para provar um sapato de determinado modelo, a vendedora está orientada a trazer mais cinco além do que ela pediu (ou no lugar dele, se não houver o modelo no seu número).

Se eu fosse o cliente, não gostaria disso. Se pedi um sapato, é porque quero aquele. Não gosto de ser surpreendido com outros modelos sem ser consultado. Mas entendi que essa máxima vale para mim, não necessariamente para outras pessoas.

A maioria das nossas clientes é diferente de mim nesse aspecto. Porque está provado que levar cinco pares é eficiente. Nossas pesquisas mostram que as pessoas se sentem bem atendidas e, portanto, tendem a se tornar clientes felizes.

NA DÚVIDA, AJA

Seguindo um dos princípios que norteiam a companhia, é importante lembrar que, independentemente da teoria e das regras, o nosso objetivo principal é deixar a cliente feliz. Então, se ela solicita algo que não está no protocolo, mas está ao nosso alcance atendê-la, na dúvida, faça. Resolva o seu problema. Assim, aumenta as chances de ela continuar voltando. Com suas filhas, netas e bisnetas.

COMO O SAPATO DA AREZZO CHEGOU ÀS CLIENTES

Desde que optamos por fabricar sapatos femininos na Arezzo, em meados da década de 1970, testamos diversos canais de venda e estratégias para trabalhar com cada um deles.

Os primeiros modelos eram vendidos em lojas multimarcas parceiras em Belo Horizonte. Em 1976, decidimos nos aventurar no varejo, inaugurando a Gypsy. Tivemos cinco unidades próprias na cidade antes de convertê-las em lojas Arezzo. Nos anos seguintes, passamos a distribuir em multimarcas além das fronteiras do estado de Minas Gerais. Em 1984 foi o momento de inaugurar nossa primeira franquia, no Rio de Janeiro, em parceria com um dos sócios de uma boutique de calçados.

Nas lojas multimarcas, desde cedo buscamos imprimir uma identidade nos produtos Arezzo para que o cliente batesse o olho na vitrine e percebesse que aquele sapato era diferenciado. Em grandes magazines, como a Mesbla, loja de departamentos brasileira que foi um ícone do varejo nacional nas décadas de 1970 e 1980, chegamos a criar o "Espaço Arezzo", incentivando a compra com os mesmos conceitos aplicados às nossas lojas próprias.

Sempre tivemos a preocupação de manter a nossa reputação no mercado, por isso analisávamos a idoneidade dos clientes multimarcas, o porte deles em relação às suas praças e o nicho de mercado em que atuavam. Nossa crença era que preço e forma de comercialização deveriam ser uniformes para preservar e equilibrar a marca.

Tivemos também, em alguns momentos, acordos exclusivos ou semiexclusivos com lojas. Elas não tinham a fachada com o nome da Arezzo, mas a maior parte dos sapatos que vendiam (às vezes até 90%) eram da nossa marca. Lembro-me de quando centralizamos a distribuição em poucas cadeias de loja, como a Andarella, no Rio de Janeiro, a Rosa Amarela, em São Paulo, e a Andréa, em Brasília. Ainda era a época em que tínhamos a Gypsy em Belo Horizonte. Nosso único representante, o Figueiras, nos ajudou a fazer uma distribuição seletiva e fechada.

Depois, essa estratégia deixou de ser a mais interessante para nós, e, para fazer nossos sapatos chegarem a mais clientes, entramos em contato com outros lojistas. A marca Arezzo foi construída por meio desses ciclos de abertura e fechamento do mercado, que dependiam do momento da economia.

Em um desses momentos de maior abertura, distribuímos para São Paulo inteira, vendendo nossos pares em cadeias de lojas como Rosa Amarela e Pontal. Em 1991, fizemos o movimento contrário. Anunciamos que, para sofisticar nossa marca no mercado paulista, investiríamos para vender menos. Parecia uma estratégia sem lógica, mas queríamos concentrar a distribuição dos nossos produtos em poucas e bem localizadas lojas multimarcas, crescendo mais por meio das franquias. Em vez de vender nossos sapatos em 30 redes diferentes, nomearíamos um representante em cada shopping. Foi nessa época que inauguramos a flagship na rua Oscar Freire.

O franchising tinha a vantagem de apresentar todo o conceito Arezzo de venda ao varejo, com nossas técnicas de exposição, promoção, treinamento de pessoas e uma identidade própria. Acreditávamos era uma combinação de fatores que fazia a cliente querer o sapato. Não apenas o modelo certo para a ocasião certa, mas também exposição agradável, promoção interessante e preço compatível.

Desde então, buscamos equilibrar todas essas opções de distribuição. Em 1997, tínhamos ao todo 102 lojas da rede e 850 clientes multimarcas. As franquias representavam 60% do faturamento, enquanto as multimarcas, 40%. Em dezembro de 2022, alcançamos o patamar de 185 lojas próprias, 817 franquias e 7.953 multimarcas, além de 11 lojas no exterior. As franquias representavam 25% da receita bruta, e as multimarcas, 27%.

IMAGEM DA CAMPANHA
DO INVERNO DE 2000.
FOTO: MURILO MEIRELLES

É PRECISO SABER DESISTIR

Saber desistir de projetos que não contribuem para o negócio principal, nem ganham consistência própria em pouco tempo, é fundamental para um empreendedor não se perder nas próprias ideias e manter a empresa viva. Se você não souber a hora de parar, de interromper ou adiar um projeto que aparentemente não tem futuro, começa a se desgastar e desviar daquilo que já deu certo e, com foco, poderá ir ainda muito longe. É preciso aprender a medida certa entre intuição e obsessão.

Eu, que sempre ouvi muito a intuição, aprendi rápido a não passar do limite, depois de algumas apostas que não vingaram. Uma dessas tentativas foi a Good Arezzo, lançada na década de 80. A ideia era concorrer com a Grendene, dona da clássica Melissa e líder no setor.

Mas o sucesso não foi o esperado. Apesar do preço competitivo e da oportunidade de mercado que eu enxergava, de produção de sapatos de plástico, entendi que seria preciso persistir muito para o negócio, talvez, dar certo. Precisaríamos de uma identidade mais forte, investimento no projeto e estilistas de maior renome para desenvolver as peças. Por um lado, posso dizer que nos faltou persistência. Por outro, não vejo isso com pesar nem arrependimento. Fazer um esforço maior naquele sentido provavelmente significaria tirar um pouco a dedicação da Arezzo, que ia bem. Foi uma escolha. Por isso digo que um empreendedor nunca desiste, mas aborta projetos.

Entre os modelos que deram certo, estava o Dr. Scholl, um tamanco com uma fivelinha em couro, que vendia muito bem quando foi lançado. Decidimos, então, fazer uma sandália parecida – era o produto certo para o público certo, acreditávamos. Mas não teve resultado nas lojas. Concluímos que não éramos vendedores de calçados desse tipo e não seguimos com os produtos.

Tivemos mudança de rota também na produção. Fomos nós quem trouxemos o primeiro tênis importado para o Brasil, no início da década de 80. Ele era produzido na Coreia, com a marca Arezzo. No fim das contas, o projeto deu prejuízo, porque, apesar de o custo-benefício de fabricar com os asiáticos ser bom, o custo-benefício de produzir no nosso país era ainda melhor. Desisti de fabricar o tênis no exterior porque ele não seria um produto continuável. Logo, enquanto o produzimos, saía mais barato acionar os recursos e parceiros que temos aqui para repor as peças do que esperar os seis meses que demorava para vir da Ásia. Faria sentido se fosse um produto com vida longa, pois poderíamos planejar com mais antecedência.

O time que toca a Arezzo&Co tem estudado bastante as oportunidades que novos mercados podem oferecer.

O AMBIENTE DE LOJA É SUPERVALORIZADO

Sempre fui contra a valorização excessiva do ambiente de uma loja. Em tempos de incrementar a experiência do cliente, tenho a sensação de que as marcas de roupa e sapatos estão mais preocupadas em criar lojas-conceito e menos em conceber produtos de qualidade e com durabilidade. *Pop-up stores*, por exemplo, é uma denominação pomposa para uma tendência do varejo atualmente.

Algumas marcas estão focadas em ornamentar a arquitetura de suas lojas, seja por meio de um design de interiores contemporâneo, seja pelo uso de recursos tecnológicos, com o objetivo de explorar aspectos emocionais e sensoriais dos consumidores. Já vi marcas de esporte apostarem em arquitetura futurística, além de áreas exclusivas para os clientes customizarem suas peças.

Apesar de reconhecer o valor desses avanços, o que realmente importa é o produto. Sei que muita gente vai discordar de mim e defender que experiência é quase tudo no mundo em que vivemos. Essa afirmação só é verdadeira para o setor de alimentação. Não há nada melhor do que comer bem em um restaurante esteticamente bonito, com móveis e arquitetura adequados à sua culinária, onde se percebe uma atmosfera convidativa.

No que diz respeito a roupas e calçados, a experiência não é a parte mais importante. De que vale entrar em uma loja toda ornamentada, com um visual atrativo, comprar seu produto, usá-lo por uma semana e perceber que não é de qualidade? Ou, pior, que não é confortável? Os consumidores se encantarão com a estética da loja, mas como fica a ética da marca? Isto é, se a fabricação de seus produtos assegura, além de beleza, conforto e segurança durante o uso.

Sou cliente das melhores marcas que existem no mundo — como Gucci, Tom Ford, Prada — e posso afirmar que o que me seduz e faz querer continuar comprando delas é a excelência do produto. Sei que são marcas de luxo e, naturalmente, têm lojas elegantes, mas não demasiadamente enfeitadas. Não me importo se entro em uma loja pomposa ou se estou em outra com a decoração menos sofisticada. Meus olhos estão sempre vidrados na roupa ou no calçado – e, nesse último, fico atento ao tipo de material e acabamento. Busco um excelente produto.

Também não estou defendendo que devemos ser totalmente displicentes com a arquitetura de uma loja. Essa reflexão me remete a 1970, ano em que a Arezzo estava se estruturando como empresa. Na época, nem lojas próprias tínhamos ainda. Nossos calçados eram revendidos em multimarcas, até abrirmos a Gypsy, a primeira boutique própria.

A experiência de ter uma loja era nova para mim. As vitrines, na época, não eram pensadas com critério, como ocorre hoje com o *visual merchandising*. Pareciam verdadeiras prateleiras onde eram enfileiradas as caixas dos sapatos. A beleza do produto, portanto, não era exposta.

A Gypsy foi precursora de uma nova forma de exibir sapatos, montando vitrines que valorizavam os elementos mais importantes de cada modelo de calçado – poderia ser o salto ou poderia ser o preço de um sapato, por exemplo.

Minha relação com arquitetura de loja foi até o limite necessário para garantir que ela está exibindo os pontos fortes dos nossos produtos. Ao longo dos anos em que a empresa se desenvolveu e cresceu, percebi que eu não era a pessoa mais indicada para tomar decisões estéticas sobre o design de interiores das nossas lojas. Alexandre é quem gosta mais desse assunto e tomou a frente em diversas situações — com sucesso.

Talvez essa minha pouca aptidão nessa área tenha a ver com a minha convicção de que a experiência com o produto – e não onde ele é vendido – é o que conta para uma marca. É a peça, a roupa ou o calçado que vai estar com a cliente durante todo o dia. É bonito? É confortável? É seguro? Se sim, a marca alcançou o seu êxito maior, que é ganhar a cliente pelo que fabrica, e não pelo que ornamenta.

"SOU CLIENTE DAS MELHORES MARCAS QUE EXISTEM NO MUNDO — COMO GUCCI, TOM FORD, PRADA — E POSSO AFIRMAR QUE O QUE ME SEDUZ E FAZ QUERER CONTINUAR COMPRANDO DELAS É A EXCELÊNCIA DO PRODUTO."

O PESSIMISMO QUE EMPURRA PRA FRENTE

Sempre acreditei que a Arezzo deveria ser gerida por jovens. Acredito que o negócio precisa de conhecimento novo, gente com vontade e capaz de tomar riscos. Quando comecei a formar o Alexandre para ser CEO, percebi nossas diferenças — e talvez tenha sido isso o que moveu a Arezzo&Co para ser a empresa que é hoje.

O Xande não tem a mesma calma que eu. Ele persegue a grandeza. São características boas para formar o gestor que ele é. Os questionamentos colocam seus pés no chão enquanto a inquietude o faz assumir riscos quando necessário.

Nossas visões são diferentes. Xande é otimista por natureza. Eu sou o pessimista da relação. Ele fica entusiasmado com novos projetos, mesmo sem garantia de sucesso. Sua visão do pós-pandemia é um exemplo disso: acredita que as coisas melhoraram e que a sociedade saiu dessa experiência melhor do que entrou. Eu penso o contrário. Ainda me preocupo com os danos na economia, que não se resolvem em pouco tempo. Entendo que parte do otimismo dele seja da idade. Quando eu era mais novo, não era tão pessimista quanto sou hoje, o que me deixava mais disposto a assumir riscos. Penso que o otimismo é crescente até os 50 anos. Passou dessa idade, é decrescente. Quanto mais novo você é, tem menos a perder e mais tempo para corrigir. Conforme envelhecemos, o tempo fica escasso, e decisões erradas têm consequências maiores.

Curioso que uma pesquisa da Universidade de Oregon mostrou justamente que a disposição para tomar risco segue em alta para os adultos até eles atingirem os 50 anos – depois declina. Até esse limite, tanto homens quanto mulheres têm mais disposição para entrar em competições em busca de um retorno maior.

Um dos maiores estudos já feitos sobre a relação entre risco e idade, publicado em 2016 com dados de mais de 45 mil pessoas, mostrou que, conforme o tempo passa, tendemos a ficar mais conservadores em relação às nossas escolhas de trabalho e lazer. Meu sentimento está de acordo com essa tendência. Isso não significa que ser conservador seja sinônimo de sucesso. Acredito que a calma que tenho hoje veio com a experiência que acumulei ao longo do tempo e com o encerramento do capítulo da minha vida como CEO e depois presidente do conselho da Arezzo&Co. Já vivi grandes alegrias e grandes tristezas. No geral, considero-me insatisfeito por natureza, mas gosto de ser assim. Se entrasse profundamente na felicidade, teria vontade de curti-la, em vez de andar para a frente.

Alexandre acha que eu deveria aproveitar mais a vida, mas tenho dúvidas se saberia dizer o que é aproveitar a vida. É um conceito muito relativo e pode mudar de acordo com a fase. Quando eu era mais jovem, achava que ter helicópteros e barcos resolveria. Hoje isso já não me satisfaz. Ainda estou descobrindo qual é o meu jeito de aproveitar a fase em que estou.

ANDERSON BIRMAN E ALEXANDRE BIRMAN NO EVENTO
DE COMEMORAÇÃO DE 50 ANOS DA AREZZO

> **"QUANDO COMECEI A FORMAR O ALEXANDRE PARA SER CEO, PERCEBI NOSSAS DIFERENÇAS — E TALVEZ TENHA SIDO ISSO O QUE MOVEU A AREZZO&CO PARA SER A EMPRESA QUE É HOJE."**

EU SÓ QUERO UMA MAÇÃ

Certa vez, entrei em uma loja de sucos de fruta e, sem saber exatamente o que queria, comecei a olhar em volta. Vi algumas bananas, abacates, mangas e... maçãs – usadas para fazer as bebidas. Pronto, estava escolhido. "Eu quero uma maçã, por favor", disse à atendente. Ela me olhou com a expressão atônita, ficou alguns segundos calada como quem está em choque, e então respondeu: "Não, a maçã não está à venda. É para o suco".

Quem fez cara de espanto nesse momento fui eu. "Tudo bem. Mas eu quero uma maçã. Não quero o suco. Posso comprar?" A atendente insistiu que não. Explicou-me que era impossível fazer a venda, já que o produto não constava no sistema isoladamente (apenas como sabor da bebida). "Como não?", eu questionava indignado. Do meu lado, também era difícil entender sua perspectiva. Estava olhando para a maçã, a menos de um metro de distância das minhas mãos. Eu era o cliente e acabava de deixar claro o meu desejo. Era simples. Fácil de resolver. Como aquela venda seria registrada no caixa não era – ou não deveria ser – um problema meu. "Registre como suco, mas me venda a maçã", pensei, colocando-me no lugar de dono do negócio. Não me venderam a maçã, e fui embora. A loja ganhou um ex-potencial cliente, agora insatisfeito, que nunca mais se esqueceria do episódio.

Aquela cena se tornou para mim símbolo de uma das mais frequentes e perigosas armadilhas de uma empresa: a inversão de valores. Lembrei disso um dia desses, quando um colega de mercado visitou meu escritório e disse que gostaria de falar comigo porque sou um "especialista em varejo".

Já ouvi essa definição várias vezes ao longo da vida – e sempre me soa esquisita. Nunca pensei em mim mesmo dessa forma. Simplesmente porque nunca pensei em varejo. Sempre pensei no cliente. Em como deixá-lo feliz. Não sabe? Na dúvida, aja. Essa sempre foi minha orientação – e um dos princípios da Arezzo&Co até hoje. Venda a maçã para ele e depois veja como marcar no sistema. Afinal, o sistema é que está a serviço do negócio, e não o contrário.

Um exemplo oposto ao da loja de sucos ilustra o que considero um atendimento excelente. Dessa vez, não aconteceu comigo. Li a história em um livro – *A hora da verdade*, de Jan Carlzon – e a adotei como inspiração. Logo nas primeiras páginas, o autor, mais conhecido por ter sido CEO do Scandinavian Airlines System (Grupo SAS) entre 1981 e 1994, conta um episódio que aconteceu com um empresário.

A narrativa começa com o empresário americano Rudy Peterson a caminho do aeroporto para uma viagem de negócios até Copenhague, capital da Dinamarca. Já no carro, ele nota que esqueceu o cartão de embarque no hotel. Sem tempo para voltar, resolve arriscar e seguir rumo ao aeroporto. Um detalhe: a história se passa nos anos 1980, quando não havia internet.

Ao chegar ao balcão, Rudy contou ao atendente o que aconteceu e, por sorte, se deparou com uma pessoa que pensava fora dos padrões. O funcionário da SAS confiou em sua história e tomou o risco. Pediu só o nome do hotel em que estava hospedado e o número do seu quarto, enquanto entregava a ele seu bilhete provisório.

Enquanto o empresário aguardava o voo já na área de embarque, a equipe da companhia aérea ligou para o hotel e uma camareira encontrou o cartão no local exato em que o cliente havia descrito. O funcionário da SAS, então, pediu para um portador buscar o documento, e rapidamente o ticket chegou às mãos do cliente antes mesmo da decolagem.

Ele podia ter sido enganado pelo passageiro e até perdido o emprego pela atitude. Mas, na dúvida, agiu. Cumpriu o que é o principal objetivo de qualquer empresa, ou deveria ser, na minha opinião: atender às necessidades do cliente.

SISTEMAS MENTAIS

Parece óbvio, mas na prática não é óbvio, simples ou fácil quebrar padrões para fazer o que é melhor para o consumidor. Vejo que a inversão de valores acontece principalmente em grandes companhias com alta frequência. Com o tempo, o sistema passa a ditar as práticas, e os funcionários se tornam subordinados a ele.

A experiência de tentar comprar uma maçã me trouxe clareza sobre o meu próprio negócio. Comecei a entender onde estava a barreira de pessoas da minha equipe, que não tinha naturalmente a mentalidade da funcionária da SAS. Elas não entregavam o que eu pedia a elas – desde um treinamento técnico para as vendedoras, algo que passei anos insistindo para existir e nunca existiu, até o controle de venda que eu queria receber todo mês dos lojistas, mas que na prática consistia em mudar a lógica, o processo, o sistema vigente.

Exigir das pessoas que busquem soluções, que tenham iniciativa para resolver os problemas é, na verdade, exigir que saiam do piloto automático, que parem o que estão fazendo, que dediquem algum tempo a raciocinar de maneira criativa sobre qual a melhor saída para aquela situação inusitada. É pedir para tomarem risco.

Vamos supor que a vendedora da loja de sucos tivesse atendido ao meu simples pedido. E se o chefe dela não concordasse com a maneira como ela registrou a venda? Se a chamasse de desonesta? Se brigasse porque ela fez algo que não estava previsto ou até descontasse o valor de seu salário? Ela também poderia omitir a informação, mas estaria apenas mudando os riscos que assumiria. Mais fácil é, de fato, seguir o sistema. As pessoas estão presas em processos, sistemas, mentalidades estabelecidas. E não se pode subestimar o quanto é difícil mudar isso.

Com a chegada da inteligência artificial, sobre o que se fala tanto hoje, penso que ainda vamos demorar mais tempo para mudar esse modelo mental. Porque com a necessidade de enquadrar tudo em novos sistemas, o mundo perde, ainda mais, flexibilidade. Torna-se mais robótico e menos eficiente.

Com o tempo, acredito que essa inteligência vai se desenvolver a ponto de substituir as capacidades do homem inclusive em suas habilidades mais sutis e imponderáveis, como intuição e criatividade. Mas esse aprendizado leva tempo. Até lá, quantas maçãs deixarão de ser vendidas?

UM LUGARZINHO NO CÉU

Quando fui chegando perto de deixar a posição de presidente do conselho da Arezzo, comecei a pensar: "Se eu já conquistei um lugarzinho na Terra, agora quero conquistar um lugarzinho no Céu". Essa frase é muito importante para mim. Porque foi esse desejo que motivou as minhas ações filantrópicas, depois de tudo o que construí no mundo privado. Foi a busca pelo intangível que me levou a trabalhar *pro bono*, em busca de outro tipo de retorno que não o financeiro.

O meu primeiro passo foi fazer doações para o GRAACC (Grupo de Apoio ao Adolescente e à Criança com Câncer). Aproximei-me deles quando fui convidado para um jantar da instituição. Na ocasião, conheci a responsável pelas doações e entendi que ter o nome de uma empresa como a Arezzo era muito importante para fortalecer a marca de uma entidade como aquela. Fiquei entusiasmado para fazer a minha parte. Mas, para mim, expor o nome da empresa ou o meu como doadores não era importante. O que eu queria era conquistar o meu lugarzinho no Céu, e, para mim, isso está mais ligado à intenção por trás da ação e ao trabalho praticado do que às cifras ou à exposição pública da doação.

Depois, fui visitar o InCor (Instituto do Coração) e fiquei ainda mais empolgado para contribuir com a saúde brasileira. Em parceria com a Falconi, uma consultoria estratégica reconhecida por apoiar grandes empresas a estruturarem os seus métodos gerenciais, criei um plano que geraria ao Incor determinada receita por ano, de forma recorrente, por meio da saúde suplementar, que é a atividade que envolve a operação de planos e seguros privados de assistência médica, ou seja, a parte que foge ao campo do SUS (Sistema Único de Saúde).

Apesar da boa intenção e do auxílio da consultoria, o plano não saiu do papel. De todo modo, continuei a me envolver com o instituto e fui para o Conselho de Administração do InCor e, depois, passei a ser apenas conselheiro consultivo – posição que ocupo até hoje.

Em paralelo ao trabalho na área da saúde, tive outras experiências filantrópicas – na busca pelo tal lugarzinho no céu –, especialmente na área de educação.

Minha última ação de filantropia em educação – que perdura até hoje – foi com o Insper, instituição de ensino superior, baseada em São Paulo. Por meio de um rapaz que me ajudava no conselho do meu escritório (ABZZ), participei de um processo de escolha de estudantes para serem bolsistas da instituição. Fiquei impressionado com a qualidade dos candidatos. Eram pessoas muito inteligentes em busca de uma oportunidade. Isso me tocou profundamente.

Recebi uma visita da pessoa responsável pelas relações internacionais no Insper e pelo plano de bolsistas. Durante a nossa conversa, ela me descreveu uma série de ações da marca Insper que me lembravam a realidade da nossa empresa. Fiz uma reunião com o time institucional do Insper para saber quantos produtos eles tinham com a marca e como potencializar seu alcance. Eram mais de 120 produtos, como lápis, canetas e camisetas. Criamos uma loja dentro da faculdade para vender esses produtos. Contratei uma consultoria jurídica para auxiliá-los no processo.

Mais recentemente, tenho dedicado uma parte significativa do meu tempo para auxiliar a Casa Transitória, uma instituição espírita que frequento em São Paulo. Temos encontros semanais, quando os auxilio na gestão do dia a dia, assim como ofereço uma consultoria estratégica voluntária para planejar o futuro da instituição.

Hoje, depois de participar dessas e de outras ações filantrópicas, continuo disposto a contribuir com a sociedade ao meu redor e sei que estou mais próximo de conquistar o meu lugarzinho no Céu. São Pedro, pode me aguardar.

JONATHAN AZEVEDO E ANDERSON BIRMAN
NO EVENTO PULSAR 2022, NA BIENAL
DE SÃO PAULO

MUDANÇAS DE HÁBITOS

CAPÍTULO 9: MEMÓRIAS E REFLEXÕES

Desde criança eu queria ser rico. Acredito que, em parte, esse desejo era minha maneira de compensar o fato de ser gordo – era assim que as crianças se referiam a mim. Fiquei acima do peso até os 28 anos, quando pela primeira vez consegui emagrecer. Mas demorou anos até que eu realmente adotasse hábitos saudáveis.

Na década de 1980, quando a fábrica da Arezzo ficava na avenida Nossa Senhora de Fátima, em Belo Horizonte, eu sempre saía à noite com o Cícero, nosso gerente na época, para beber e comer camarão. Também ia com frequência jogar tênis com os amigos em um pequeno clube perto da minha casa – na verdade, o tênis era um pretexto para a cerveja em seguida. Eu bebia e fumava demais. Pesava por volta de 120 quilos.

Certa vez fui para o Rio de Janeiro vender sapatos. Sempre que visitava a capital fluminense me hospedava na casa do meu tio Luiz, que já faleceu. Era um apartamento superpequeno, próximo ao Méier, bairro de classe média na zona norte da cidade. Daquela vez, sentei-me no seu sofá para ver um jogo de futebol do meu time, o Cruzeiro. Quando saiu o gol, me levantei para comemorar. Assim que me sentei novamente, o impacto foi tão grande que acabei quebrando o móvel – o pior é que era onde eu dormiria depois.

Esse tipo de história pode até ser engraçada, mas não me fazia sentir bem. Além disso, havia outros aspectos negativos no meu estilo de vida. Quando já estava mais velho, minha filha, Patricia, me pediu que não a levasse mais à escola. O motivo: ela estava com vergonha de mim. "As meninas estão te chamando de gordo", disse. Isso mexeu bastante comigo. Foi quando decidi que precisava dar um jeito na situação.

O problema é que mudei de rumo escolhendo o caminho errado. Comecei a fazer uma dieta muito famosa na época, que priorizava proteínas no lugar dos carboidratos. Acabava ingerindo alimentos com muita gordura, como queijos, embutidos e carne vermelha, o que também era um perigo para a saúde. Além disso, tomava remédios para diminuir o apetite.

Desenvolvi cetose, o estado que em nosso corpo entra quando temos pouca glicose. Existiam fitinhas para medir o nível de glicose, mas pelo próprio hálito dava para perceber que meu organismo estava em desequilíbrio. Porém, persisti na dieta. Lembro-me de ter lido que carboidratos eram como um barril de álcool: uma vez em contato com uma faísca, incendiavam tudo. Então, tinha medo de que, se voltasse a comê-los, me descontrolasse de novo.

Depois de uma década fazendo essa dieta, aos 38 anos, tomei um susto. Estava em Belo Horizonte e decidi fazer um check-up para avaliar meu estado de saúde. Durante a consulta, o médico me informou que estava tendo um microinfarto. Ou seja, uma parte do coração estava prejudicada. Ainda não afetava o órgão inteiro, mas era um péssimo sinal. Me mandaram para São Paulo, e lá descobri que uma das minhas artérias estava obstruída. A solução foi uma angioplastia, que desobstruiu as veias entupidas de gordura.

A partir de então, passei a ter consultas frequentes com um médico do hospital Beneficência Portuguesa de São Paulo. Eu chegava sempre pedindo para ele fazer um cateterismo cardíaco, que ajuda no controle da pressão arterial e para diagnosticar outras doenças cardíacas. Diante dos resultados pouco satisfatórios do cateterismo, o médico me deu um ultimato: ou eu começava a me tratar de verdade ou ele não faria mais os procedimentos paliativos. Obedeci. Comecei a correr regularmente e voltei a fazer dieta – dessa vez, me alimentando de maneira saudável. Parei de tomar remédios para tirar o apetite. Fiquei tão animado com os novos hábitos que passei a acordar cedo para praticar esporte e competir em maratonas. Até ganhei alguns prêmios. Não quer dizer que não acho, por vezes, o exercício chato. Penso nele mais como uma necessidade fisiológica do que uma atividade de prazer, principalmente hoje, quando passamos a maior parte do tempo sentados. Não espero retribuição da disciplina porque não acredito que traga felicidade, simplesmente faço porque sei que deve ser feito.

Sinto prazer ao enxergar os resultados no meu bem-estar, e fisicamente melhor depois de correr. É um momento meu comigo mesmo. Nos momentos de corrida, nunca fui adepto de nenhum acessório, como fone de ouvido. Não gosto de escutar música durante a atividade, nem me distrair com outras informações. Quando corro, sou eu, meu tênis, shorts, camiseta e a esteira. Direciono minha mente para dar atenção a algo.

A corrida reuniu em mim uma dupla boa: intuição e disciplina. Durante a atividade, tive as grandes inspirações para a Arezzo e sobre

minha vida pessoal. Talvez seja um espaço meditativo que criei, um momento realmente raro para mim. O esporte virou prioridade e um dos únicos compromissos que nunca cancelei. É o primeiro item da minha agenda, e todos os outros afazeres se encaixam ao redor.

Até consegui inspirar minha família a aderir ao exercício. Meu filho Alexandre pegou gosto pelo esporte, e corremos juntos algumas vezes. Hoje ele é um atleta referência do IronMan no Brasil, tendo obtido classificação e disputado em algumas oportunidades o campeonato mundial dessa modalidade. Patrícia e Allan também foram influenciados a entrar no mundo das corridas. Mesmo que meu ritmo seja bem menos acelerado, não pretendo parar de praticar. Cuidar do meu coração é uma das minhas prioridades. Vou sempre ao médico para verificar como estou. Mas mesmo me cuidando, a verdade é que meu coração nunca mais foi o mesmo.

Já tive fibrilação, que é quando o órgão bate de forma irregular. Para resolver precisei fazer uma ablação, um procedimento por meio de um cateter que cauteriza a parte do coração que está mandando o impulso elétrico irregular. Também tenho três stents que foram colocados nos últimos sete anos. São pequenos tubos expansíveis que normalizam o fluxo sanguíneo na artéria coronária. Depois, tive

"A CORRIDA REUNIU EM MIM UMA DUPLA BOA: INTUIÇÃO E DISCIPLINA. DURANTE A ATIVIDADE, TIVE AS GRANDES INSPIRAÇÕES PARA A AREZZO E SOBRE MINHA VIDA PESSOAL."

bradicardia – condição em que o coração bate mais lentamente, sem conseguir bombear o sangue corretamente. Coloquei um marcapasso, um pequeno aparelho introduzido no coração, que serve para dar estímulos elétricos e normalizar o batimento.

Felizmente, nada disso me impediu de ter uma vida aeróbica. Faço pelo menos duas horas de exercício toda manhã. Ao cuidar de mim mesmo, sinto-me fisicamente melhor. Cuido bastante da minha alimentação para não voltar a comer como antes. Hoje meu peso fica entre os 70 e 80 quilos. Mas preciso estar constantemente em alerta, porque ganho peso com facilidade. Agora, também preciso lidar com o fato de que estou ficando mais velho e sinto cada vez mais as consequências. Além do peso físico, também tenho o peso da idade.

Sinto muito medo de morrer. Apesar de saber que a única certeza que temos na vida é de que vamos partir dessa para outra, dedico-me a não apressar esse processo. Meu microinfarto teve um impacto grande sobre mim, porque me mostrou que nada garante que terei saúde a vida inteira. Não é à toa que procuro viver bem. De todo modo, reconheço que não me dediquei a cuidar da minha mente, do meu cérebro. E, agora, estou lidando com as consequências.

ANDERSON BIRMAN
EM 1983

ANDERSON BIRMAN COM ALEXANDRE BIRMAN
NO EVENTO PULSAR 2023, NA BIENAL DE SÃO PAULO

REFLEXÕES SOBRE FÉ

Tenho me questionado sobre minha fé e pensado por que ela foi abalada nos últimos anos. Penso que estou em um momento de transição. Me faço perguntas como "no que acredito hoje?", "como tenho cuidado disso?" e "posso tornar minha fé latente como era no início da minha vida profissional?". As reflexões ainda não foram suficientes para esclarecer as dúvidas, mas me ocorrem alguns pensamentos.

Sou judeu de origem, mas optei por seguir o espiritismo como religião, misturando minha crença no kardecismo e na umbanda. Acredito que a fé tem relação direta com a religião. As duas estão intimamente ligadas. Também acredito que a fé precisa respeitar alguns princípios e comportamentos, como não fazer para o outro o que não gostaria que fizessem com você ou não desejar para o outro o que não se deseja para si mesmo. De nada adianta alguém ter fé e fazer mal para o semelhante. É preciso ter um sentimento de bondade ao praticá-la, ajudando a aliviar o sofrimento de quem está ao redor.

No início da Arezzo, eu praticava muito mais a fé espírita. Antes das minhas viagens para vender sapatos no Rio de Janeiro, por exemplo, passava na casa da minha mãe. Subíamos para o terraço e ela se preparava para receber o pai Benedito, mentor que recebe até hoje. Ele benzia um cigarro, que eu colocava junto com os demais no meu maço. Só acendia quando já estava longe, prestes a fechar negócio com alguém, baforando a fumaça no potencial comprador. Ninguém achava estranho, pois na época fumar era bastante comum e permitido em lugares fechados. Funcionava — ou pelo menos eu acreditava nisso.

Além de pai Benedito, também recorríamos a algumas figuras da umbanda, como o senhor Ogum Beira Mar e a dona Maria José, moradora de Guarapari, no Espírito Santo, que visitei com minha mãe 40 anos atrás. Durante minha vida, conheci outras pessoas, como uma em Belo Horizonte que se antecipou sobre um acontecimento em minha vida particular. Há pessoas que têm mais acesso ao misterioso do que outras.

Talvez a minha pouca fé hoje tenha relação com o fato de eu não ter mais necessidade — e lamento que seja assim. Quanto mais você precisa de ajuda, mais tende a acreditar no imponderável. Eu tinha fé de que o cigarrinho da mamãe e do pai Benedito resolveria meu problema porque precisava vender. Nas favelas, onde há tanta carência, as pessoas têm muita fé.

Apesar de acreditar que a fé está muito ligada à necessidade, não estou completamente convencido de que ela só existe nessa situação. Há pessoas prósperas de muita fé, que atribuem a ela uma das razões de suas conquistas e longevidade. Neste momento, ainda que me encontre um pouco combalido, eu gostaria de ter mais fé e estou buscando razões para que eu a sinta novamente, me cobrando por isso, porque acredito na sua importância. Sei que ela me ajudou por muitos anos. Ter fé é uma fonte de energia e muda a forma de encarar a vida. A fé nos ajuda a aceitar que não controlamos tudo o que está à nossa vida e permite que entreguemos a ela os mistérios. Sinto falta dos momentos de ritual da religião. Não pratico mais nenhum. Hoje rezo pelos meus filhos e pelos negócios. Não é um hábito, mas, nos momentos recentes em que orei, orei com muita fé.

Vejo muitas pessoas atribuírem à fé capacidades que ela não tem. Acho falso dizer que ela move montanhas ou cura o câncer. O que a ciência não resolveu a fé também não pode curar. Por outro lado, ela talvez tenha seu papel. Minha mãe segue com uma fé inabalável e acredita inclusive que ela ajuda a evitar o coronavírus. Difícil questioná-la: ficou um mês no hospital, no setor com pacientes de Covid-19, e não foi contaminada. Além disso, pessoas que conhecem a ciência mais do que eu, como o professor José Ernesto Bologna e o historiador Yuval Noah Harari (com seus livros), têm me mostrado a importância da fé na vida humana.

Pode ser que, por eu ter conquistado tantas coisas na minha trajetória, esteja questionando minha fé. Não vou dizer que a perdi. Ela ainda está aqui, mas sob análise. Quem sabe nos próximos anos eu consiga evoluir para resgatar uma ligação mais intensa com o divino.

"ME FAÇO PERGUNTAS COMO 'NO QUE ACREDITO HOJE?', 'COMO TENHO CUIDADO DISSO?' E 'POSSO TORNAR MINHA FÉ LATENTE COMO ERA NO INÍCIO DA MINHA VIDA PROFISSIONAL?'."

OS SAPATOS DO SAPATEIRO

Tenho aproximadamente 90 pares de sapatos. Destes, uso apenas uns 20. Como sou metódico, alterno os calçados, buscando usar um específico em cada dia da semana. Às quintas-feiras, por exemplo, uso meu sapato Gucci de cordão, marrom, com o bico levemente arredondado.

Não posso dizer que sou o homem mais cuidadoso com o estado físico dos meus sapatos. Por isso, lanço mão dessa regra que inventei, a da alternância de pares, para conservar todos eles ao longo de vários anos. Apesar de ter muitos sapatos, não me considero consumista. Adquiri os meus últimos pares há mais de três anos, e boa parte dos demais me acompanha há mais de duas décadas.

A longa duração dos calçados tem a ver não só com meu método, mas principalmente com o fato de eu sempre comprar sapatos extremamente bem feitos, de altíssima qualidade, fabricados pelos melhores e maiores sapateiros do mundo. Gucci e Tom Ford são, sem dúvida, as minhas marcas prediletas. Gucci é uma das casas de moda de luxo mais antigas da Itália e do mundo, que abrigou o próprio Tom Ford como estilista entre os anos de 1990 e 2004.

É quase natural que eu ganhe muitos sapatos pela minha profissão, mas sou eu quem escolho os meus preferidos, de forma minuciosa, não necessariamente os que são mais estilosos, mas os que são mais confortáveis.

Não gosto de bicos quadrados, muito menos alongados, porque não se encaixam bem no formato dos meus pés, tornando impossível usá-los de forma prazerosa. Meu material favorito é o couro, especialmente o de vitela, que é o mais macio.

Meu armário de sapatos é praticamente todo composto por modelos pretos e marrons. Apesar de eu ter alguns poucos pares de outras cores, essas são as que me caem melhor. Entre pares mais formais e mais casuais, costumo usar tênis com frequência – sobretudo os da Oficina e da Reserva, que, além de macios, deixam o look mais estiloso. Também gosto dos tênis da Reserva, que combinam materiais como neoprene e solado de borracha. Hoje os sapatos estão mais tecnológicos e diversificados, quase feitos sob medida para cada tipo de consumidor.

Muitas pessoas pensam que minha paixão por sapatos nasceu junto com a fundação da Arezzo&Co – ou mesmo antes dela. Ao contrário: não era apaixonado por sapatos quando fundei o negócio. A paixão foi se manifestando à medida que fui aprendendo o ofício, entendendo os macetes, absorvendo as lições, adequando os materiais aos produtos.

Às vezes me pego pensando que, talvez, essa distância emocional tenha me ajudado a apreender as melhores técnicas para fabricar um sapato de alta qualidade, como o sistema Goodyear. Considerada uma das maneiras mais nobres de fabricação de calçados, a técnica traz mais resistência do que as manuais, usadas em produtos sem costura ou apenas blaqueados (isto é, com uma única costura que vai desde o lado de fora da sola até a parte interna do sapato). Meus sapatos Gucci de quinta-feira, por exemplo, são *Goodyear*.

Apesar de a Arezzo&Co ter se consolidado como uma sapataria focada, principalmente, em calçados femininos, sua origem está na fabricação de sapatos masculinos. São os aprendizados daquela época – desde quando eu, meu irmão e meu pai ainda estávamos num pequeno galpão de cem metros quadrados em Minas Gerais – que me ajudaram a escolher criteriosamente, um a um, os 90 pares de sapatos que hoje preenchem o meu armário.

ANDERSON BIRMAN ATESTANDO A QUALIDADE
DE SOLA NA FÁBRICA DA AREZZO&CO

MEU LEGADO EM CINCO FILHOS

Eu tinha 22 anos quando soube que seria pai. Foi uma surpresa e, talvez por ser muito jovem, criar o Alexandre, meu primeiro filho, foi uma montanha-russa de felicidades e tristezas. As maiores emoções que já tive na vida foram ao lado da minha família. Mas não sou o tipo de pessoa que conta a vida a partir das alegrias, e costumo dizer que sou insatisfeito por natureza. É a constante insatisfação que me move, que faz com que busquemos melhorar o que não está bom.

Comecei uma empresa do zero, quatro anos antes de me tornar pai, e tive cinco filhos. Posso afirmar que criar pessoas é muito mais difícil do que criar e gerir uma organização. No mundo dos negócios, temos acesso a conhecimentos de consultores e soluções estruturadas que costumam ser muito eficientes na prática. Na paternidade, o manual mais seguro que podemos seguir é o da nossa intuição. Aprendi a ser pai – e continuo aprendendo – dia a dia. Quando nasceu, o Alexandre já era agitado e dava bastante trabalho. Sete anos depois, veio a Patricia – que foi mais estável e tranquila de lidar nos primeiros anos. Mais de uma década depois, já no meu segundo casamento, vieram o Allan, 22, o André, 14, e o Augusto, 12. A diferença de idade entre os dois primeiros, Alexandre e Patricia, e os três mais novos, Allan, André e Augusto, fez com que eles tivessem criações diferentes. Não só os tempos são outros, como eu também mudei com a experiência. Costumava ser mais bravo com o Xande e com a Paty do que fui com os menores. Eles me temiam muito mais do que meus filhos mais novos. Hoje sou mais tolerante e paciente. Como eu mesmo fumava cigarro e bebia álcool aos 13 anos, também achava normal dar champanhe e cerveja para o Alexandre quando ele tinha essa idade. Com o tempo, o mundo mudou, a sociedade foi ficando mais informada, e hábitos como esse passaram a incomodar. Não queremos que os adolescentes de hoje fumem ou bebam, pois as consequências negativas são mais conhecidas. Se um dos meus filhos menores de idade for pego fumando, ficarei muito preocupado, o que não teria tanto peso no passado. Considero o maior desafio de ser pai encontrar uma maneira de dizer não e mostrar as consequências de cada escolha. Não são só os adultos que ganharam conhecimentos, as crianças também. No meu tempo, era comum apanhar dos pais. Hoje, se levantar a mão para o André, por exemplo, ele responde na hora: "Vou te denunciar". Outro desafio é a gestão de tempo dedicado à família e à gestão de uma empresa. No meu caso, mesmo que tenha sido apertado em algumas ocasiões, dei o melhor de mim para que aproveitássemos ao máximo os momentos juntos. Administrei meu calendário de forma que pude viver momentos marcantes com meus filhos. Vejo que criei filhos com grandes sonhos. Alegra-me saber que ajudei a realizar muitos deles porque acreditei, e acredito, em suas ambições. E o meu maior orgulho é o quanto são dedicados àquilo que almejam conquistar. O Alexandre trabalha muito para que a empresa que construí, e que hoje é de todos nós, prospere cada vez mais. Tenho muito orgulho de Patricia e sinto grande potencial em Allan, Augusto e André.

Allan começou a trabalhar na Arezzo&Co agora, e acredito que será cada vez mais feliz. Sua atividade principal é tocar a venture capital (ZZ), e fiquei feliz quando me contou que, antes de entrar, se dedicou a entender o mercado e sua área. Ele e Augusto são educados e aplicados. Já o André nasceu com espírito de sapateiro – e acredito que será o responsável pelos produtos da empresa no futuro, se essa for sua vontade. Meu desejo é que cada um se empenhe em sua vocação e objetivos para se realizar pessoalmente e seguir construindo os negócios que eu comecei.

ANDERSON BIRMAN E PATRÍCIA,
ALEXANDRE, ANDRÉ, AUGUSTO E ALLAN

261

262

ALLAN BIRMAN, ALEXANDRE BIRMAN, ANDERSON BIRMAN, ANDRÉ BIRMAN
E AUGUSTO BIRMAN NO EVENTO DE CELEBRAÇÃO DOS 50 ANOS DA AREZZO

ANDERSON BIRMAN
E PATRÍCIA BIRMAN

A FÉ DE MINHA MÃE

Minha mãe é uma daquelas pessoas raras de se encontrar, que encanta a todos com quem convive. Fala alto e forte, convicta, mas quem a conhece diz que ela transmite calma e doçura. Sua sabedoria nunca passa despercebida.

Somos muito próximos. Nos falamos por telefone todos os dias assim que chego em casa. Ela é uma das exceções à cultura que temos na Arezzo&Co de não presentear parentes com os produtos, pois gosta do que fazemos e usa sempre, então, algumas pessoas da empresa mandam as novidades para ela.

Toda vez que conversamos, minha mãe acha um jeito de me dar uma lição do Evangelho por alguns minutos. Houve períodos da minha vida em que eu não gostava desses diálogos, mas hoje eles têm muito sentido para mim. Estou em um momento de reconexão com a minha fé, precisando ouvir essas mensagens. Ela sempre foi muito religiosa e já teve grandes momentos com a doutrina kardecista, mas precisou se afastar aos poucos por causa da idade. Mesmo assim, aos 96 anos, continua respeitada como representante da fé espírita. Sua crença é tão fervorosa que meus melhores momentos com ela

ANDERSON BIRMAN E MÃE, DONA RUTH

são de alguma forma ligados à religião. Recordo-me de quando ela recebia entidades. Passava alguns minutos se preparando e, de um momento para o outro, mudava completamente a voz, a postura e os trejeitos. Eu não tinha medo, era algo que fazia parte da nossa rotina. Os espíritos que ela incorporava sempre traziam lições do além. Um deles era o Pai Benedito, que me dava os cigarrinhos para dar sorte nos negócios. Porém, de algumas entidades, já ouvi frases que não gostaria de repetir, muitas vezes relacionadas à morte. Mesmo as experiências ruins foram boas. Sentia que sempre tinha mais a aprender com as visitas.

A fé da minha mãe inspirou toda a nossa família. Costumávamos visitar o centro espírita juntos. Meu pai também seguiu a religião e incorporava entidades como a Palminha, que tem a voz bem fina, e Zé Grosso, que, assim como seu nome diz, tinha a voz muito grossa. Porém, no fim da vida, ele parou de praticar a religião. Desenvolvi minha mediunidade e nunca questionei como o processo acontecia – se apenas cedia o meu corpo ou se eu é que convidava os espíritos. Mas tinha uma relação com eles.

Por incrível que pareça, mesmo com alguns contratempos, como insuficiência cardíaca e clipes no coração, minha mãe está bem, física e mentalmente. Talvez sua fé intensa e inabalável explique a boa saúde. Recentemente, alguém próximo de mim deu a ela o apelido de "guerreira", o que me pareceu adequado, já que ela lutou contra tudo na vida e continua lúcida, me relembrando a importância de ter fé e compartilhando lições de vida. Seu entusiasmo transparece quando canta, hábito que continua cultivando. Além de canções populares brasileiras, com frequência lembra de músicas relacionadas à religião, como o hino da Irmã Scheilla — uma entidade cujas mensagens foram psicografadas por autores espíritas, entre eles Chico Xavier e João Nunes Maia.

Penso que há um pouco da minha mãe nesses versos. Sinto isso na minha vida, que certamente é mais iluminada por sua presença.

"IRMÃ SCHEILLA,
TÃO QUERIDA,
VEM TRAZER-NOS
ESTA LUZ
QUE ILUMINA
NOSSAS VIDAS
NOS CAMINHOS
DE JESUS."

QUEM FEZ A DIFERENÇA

Tive várias pessoas que me ajudaram durante a vida, mas hoje quero destacar alguns profissionais. Os consultores que contratamos nos diferentes momentos da Arezzo foram essenciais para o crescimento da empresa. Sem eles, a história não seria escrita da mesma maneira. Sempre procurei tirar o melhor do que eles poderiam oferecer e me abrir a novas percepções – de quem vê de fora, em contexto e circula por ambientes diversos e complementares ao nosso.

Todos os conselhos que ouvi me serviram em áreas específicas. Por exemplo, foi seguindo orientações do professor João Bosco Lodi que tracei planos para a sucessão, visto que ele foi o primeiro a abordar o assunto comigo. Um tema que se tornaria fundamental e sempre presente em minhas reflexões e estudos. Lembro-me com carinho de um dia, há mais de 15 anos, em que um colega convidou o professor Bologna para liderar uma reunião na Arezzo. Não me apeguei aos detalhes da conversa, mas me marcou o início de uma relação que tanto estimo. Ele se tornou mais do que um conselheiro para mim. Nossa amizade se fortaleceu ao longo dos anos, aprendi muito com ele e hoje posso dizer que existe um Anderson antes e outro depois de conhecer o professor.

Sua principal contribuição não foi na minha vida profissional, mas, sim, em relação ao meu temperamento. Eu costumava ser muito irritado – principalmente com o meu filho mais velho, Alexandre. O professor Bologna compartilhou comigo um pouco de sua sabedoria sobre comportamento humano, e entendi que minhas reações nervosas eram desnecessárias e impulsivas. Não contribuíam comigo mesmo nem com a relação entre nós. Aprendi, principalmente, a escutar mais e a falar menos. Ele me diz que é justamente por causa dessa habilidade desenvolvida que consigo extrair o melhor das consultorias. Quando estou reunido com alguém, não trato só como uma conversa, mas procuro entender o que aquela pessoa tem para me ajudar. Hoje em dia, é muito raro encontrar pessoas com essa escuta ativa – vejo que mais fingem do que realmente absorvem o que está sendo dito.

Assim como prezo quem compartilha informações comigo, também sei da importância de quem extrai o que está na minha cabeça. Já tive várias secretárias, e todas me apoiaram com muita dedicação, adaptando-se ao meu ritmo, passando para o computador anotações que eu fazia à mão às pressas ou só ditava para elas. Nunca fui de desligar ninguém, pois, quando estabeleço um vínculo, tanto emocional quanto profissional, gosto de manter a pessoa por perto. É também uma relação de extrema confiança. Hoje tenho a Renata empenhando essa função, há bons anos. Ela, além de me ajudar com a organização, é o motivo de eu ter começado a registrar por escrito algumas das minhas histórias que estão neste livro – algo que sempre me foi incentivado pelo professor Bologna. Com certeza, minha vida não seria a mesma sem a influência de cada uma dessas pessoas.

ANDERSON BIRMAN E GIOVANNI BIANCO

ANDERSON BIRMAN E GLÓRIA PIRES

O PODER DA CRIATIVIDADE

Por três vezes na vida fiquei completamente quebrado. Zerado, sem saber o que ia acontecer depois, calculando a compra do mês. A primeira vez foi na década de 1980, quando meu pai saiu da sociedade da Arezzo. Meu irmão e eu compramos a parte dele, e levou um tempo até recompormos as nossas finanças. A segunda vez, quando me separei da minha primeira esposa, Lucinha: na partilha de bens, as lojas da nossa empresa ficaram com ela, e eu com a fábrica de sapatos. Por fim, mais recentemente, quebrei pela terceira vez, em 2007, quando comprei do Jefferson sua parte do negócio – não tinha uma reserva suficiente no banco para fazer essa operação, então zerei meu caixa pessoal.

As lembranças pouco saborosas, por vezes azedas, desses momentos não foram de todo ruins porque me ajudaram a refletir sobre uma habilidade imprescindível ao negócio que empreendi – e à vida como um todo –, a criatividade. Em situações adversas, como a de ter seu caixa zerado, usar a criatividade, isto é, explorar opções, cavocar ideias, implementar algo que parece "mágica", é o que, talvez, possa nos salvar.

273

A arte de ser sapateiro, na qual baseei minha vida profissional, tem tudo a ver com ser criativo, intuitivo, e conquistar o que parece impossível. E tudo isso, ironicamente, está diretamente ligado a ferramentas não obviamente artísticas, como dinheiro e materiais. Por exemplo, fabricar um sapato similar ao que custa 500 dólares no exterior, mas para ser vendido por 50 dólares no Brasil, parece mágica, mas, na verdade, é conhecimento, experiência, capacidade de ver os mesmos recursos por ângulos inusitados e, mais importante, muito trabalho. Não consigo contar quantas vezes, durante minha história na Arezzo, já dediquei tempo e neurônios pensando em como consumir um centímetro a menos de couro por sapato ou usar um solado de borracha que imita o couro e é mais barato. É preciso entender o que você pode fazer melhor do que faz hoje e ser criativo com recursos limitados, seja na fabricação de sapatos, seja em outras experiências na vida.

A criatividade exercida com disciplina e consistência ao longo dos anos levou a empresa muito mais longe do que eu poderia prever. Em 2011, abrimos o capital da Arezzo&Co e, com isso, aumentei meu patrimônio de maneira significativa – e inimaginável até então. Conquistei muitas coisas. Durante um período, usufruí do que a riqueza financeira me proporcionou. Tinha barco, aprendi a pilotar helicóptero, gostava do poder que esse tipo de diversão me trazia. Com o tempo, no entanto, foi perdendo a graça. Hoje nada disso me empolga. Olhando para trás, vejo que existia um ponto ótimo de patrimônio que me permitia viver em tranquilidade, preservando a saúde e as relações pessoais verdadeiras, coisas aparentemente simples que hoje me custam mais caro do que um dia imaginaria. Se eu tivesse 25% do dinheiro que acumulei, já seria o bastante.

Partilhar os bens em vida ou não é uma decisão estranha e difícil de tomar – sem falar nos problemas familiares decorrentes da discussão em torno da sucessão da empresa. O dinheiro toma lugar nas conversas, e você passa a se perguntar o quanto as pessoas

274

estão com você por causa dele ou porque realmente querem estar. Percebi que foi ficando cada vez mais difícil estabelecer laços de confiança.

Ao escrever essas reflexões, penso no meu pai e consigo imaginar sua cara fechada, a testa franzida, me dizendo que ter todo o dinheiro que tenho não faz sentido. Essa cena, mesmo que fantasiosa, me incentivou a querer praticar a filantropia – não apenas doando parte do meu patrimônio, mas também ajudando a construir algo que tenha potencial de reverberar no longo prazo. Doar fortuna é doar mal doado – e vale registrar que o significado literal da palavra "filantropia" aborda também a contribuição moral para o bem-estar alheio.

As memórias e aprendizados em relação à fortuna me deixaram nostálgico do tempo em que o dinheiro não era tão abundante, que a vida era mais simples, menos burocrática, e as relações, mais sinceras.

"A CRIATIVIDADE EXERCIDA COM DISCIPLINA E CONSISTÊNCIA AO LONGO DOS ANOS LEVOU A EMPRESA MUITO MAIS LONGE DO QUE EU PODERIA PREVER."

ESCOLAS DA VIDA

Faz tempo que não viajo até Manhuaçu, em Minas Gerais, mas me recordo vivamente da cidade e sinto um afeto enorme por esse lugar que fica na Zona da Mata mineira.

Passei uma parte pequena, porém significativa, do início da adolescência, dos 11 aos 13 anos, em um colégio evangélico, o Reverendo Cícero Siqueira, em um município cerca de 30 quilômetros distante de Manhuaçu, em Alto Jequitibá. O internato foi fundado em 1942, mas o complexo educacional já existia desde o início dos anos 1900, primeiro como uma escola primária, depois como um ginásio e, posteriormente, como o colégio em que estudei.

No tempo em que permaneci lá, o internato de meninos era separado do de meninas. A rua de paralelepípedos que ficava em frente ao prédio principal da escola foi palco de inúmeras brincadeiras e malandrices. Hoje digo que as minhas primeiras noções de comercialização surgiram naquela época, quando eu comprava e vendia revistas pornográficas e bife de carne que roubava já frito do refeitório (apesar do ensino religioso, nunca tive a pretensão de ser santo).

Meu irmão Jefferson esteve comigo durante todo o período, bem como o nosso primo mais velho, Ruy Prata, que nos defendia de brigas e socos. Sem poder voltar para casa por, pelo menos, seis meses, passávamos a maioria dos nossos finais de semana por lá e íamos, muitas vezes, ao Parque Nacional do Caparaó.

Dormíamos em camas enfileiradas dentro de um dormitório enorme, com piso de madeira e janelas de vidro no topo das camas. Parece ter sido em outra vida, mas, se fecho os olhos, consigo até escutar o som da baderna antes de nos recolhermos para dormir. Eu sentia como se vivesse numa bagunça divertida todos os dias – um sentimento bem diferente do que tinha na casa dos meus pais, especialmente por presenciar brigas e discussões recorrentes.

Longe deles, aproveitei aqueles anos para ser moleque, misturando a inocência de quem ainda é criança com a malícia de quem já começa a entender como o mundo funciona. As brincadeiras com bola de gude e os jogos de futebol eram apenas distrações do que de fato estava acontecendo comigo: aprender a ser adulto antes mesmo de a minha infância terminar.

Não devo a Manhuaçu e ao colégio interno o crédito de terem me escolarizado – até porque, naquela época, estudar não era o que mais me interessava. Mas devo, sim, o crédito de terem me preparado para a vida.

AO LADO, ALEXANDRE BIRMAN
E PATRÍCIA BIRMAN.
ABAIXO, ANDERSON BIRMAN
E PATRÍCIA BIRMAN

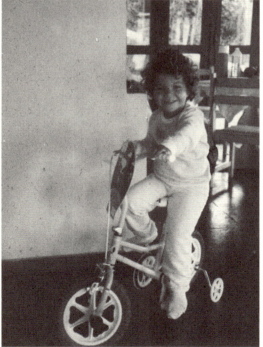

ACIMA, ANDERSON BIRMAN.
AO LADO, PATRÍCIA BIRMAN

DOAR O LEGADO EM VIDA

CAPÍTULO 10: OLHAR PARA O FUTURO

Em maio de 2023, doei boa parte das ações que detinha da Arezzo&Co para os meus filhos Alexandre, que preparei para a sucessão desde a sua adolescência, Patrícia, Allan, André e Augusto. Por mais burocrático que o processo seja, é impossível deixar de lado os aspectos emocionais envolvidos em uma decisão como essa.

Em termos práticos, o Alexandre, que preparei para a sucessão desde sua adolescência e que há mais de dez anos lidera a empresa com maestria, passa a deter uma participação maior no capital da holding dona das marcas Arezzo, Anacapri, Schutz, Alexandre Birman, Alme, Brizza, Carol Bassi, Reserva, Oficina, Simples, BAW, Vicenza, Paris Texas, TROC. Eu diminuí a minha porcentagem e mantive o usufruto e o direito político sobre a maior parte das ações doadas, assim como das ações que não incluí na doação. Meus filhos assinaram um acordo de acionistas para regular o exercício de voto quando o meu usufruto acabar. A decisão faz parte do meu planejamento sucessório, pois preciso pensar com praticidade sobre como organizar assuntos para quando eu não estiver mais aqui. Faz parte da vida – e, de certo modo, fico contente em poder fazê-lo com tranquilidade, apoiado por pessoas e profissionais da minha maior confiança, cujo objetivo é comum ao meu: perpetuar o negócio.

Quem diria que a garagem da casa dos meus pais em Belo Horizonte, em plena década de 1970, abrigaria o início de uma trajetória de mais de 50 anos? Foi naquele espaço que encontrei o meu ofício, o de sapateiro, e onde comecei a colocar em prática habilidades e traços que cultivava desde criança, como a criatividade e o interesse pelo comércio.

O processo até a doação das ações – as conversas com meus filhos e família, com outros acionistas, com advogados e consultores e a assinatura de documentos –, invariavelmente, me transportou para as memórias sobre a construção do que hoje é a Arezzo&Co. É como se eu tivesse caminhado pela linha do tempo da nossa história, relembrando os momentos mais marcantes dessa jornada.

A mesma linha do tempo sobre a qual caminhei, você também teve a chance de percorrer ao longo das páginas deste livro – a compra da Gypsy, a inauguração das nossas fábricas, a implementação das franquias, o desenvolvimento de novas marcas e a aquisição de outras, a abertura de capital e, finalmente, a doação das minhas ações. Já passei por alguns momentos de separação da Arezzo e tive de me acostumar a dar passos para trás, deixando o caminho livre para pessoas mais jovens assumirem a gestão e renovarem a companhia. Desta vez, não é diferente: também é um processo de desapego. Minha intuição, que sempre me acompanhou – e que continua aguçada –, me direcionou para esse momento. Sei que o que estou fazendo está certo e é o mais saudável para a longevidade da Arezzo&Co e para minha família. Sim, estou doando o meu legado, mas também estou deixando outro: rumo a 2154!

MEUS QUERIDOS FILHOS, NETOS E LEITORES,

Esta não é uma carta fácil de escrever, mas sinto que preciso compartilhar com vocês as belezas e as dores dessa vida, na esperança de que meus ensinamentos e reflexões possam contribuir para o seu crescimento.

Há cerca de dois anos, fui diagnosticado com parkinsonismo, uma síndrome que afeta o sistema nervoso central, causando lentidão motora, rigidez entre as articulações, diminuição do olfato, dentre outros sintomas. A causa mais comum é a doença de Parkinson, mas existem outros fatores – genéticos ou ambientais – que podem contribuir para o surgimento da doença e, consequentemente, para a progressiva degeneração das células nervosas. Desde então, tenho sido consumido por consultas médicas, remédios, vida social mais limitada, preocupação constante dos meus filhos e por aí vai. Mas aquilo que mais tem drenado a minha energia é a frustração. Sinto-me impotente diante dessa doença que, aos poucos, me distancia de quem eu um dia fui. Sempre tive facilidade para falar, mas, de repente, essa se tornou uma das habilidades mais difíceis para mim. A sensação é a de que minha mente "dá branco", de que faltam as palavras, especialmente quando fico nervoso. Tento ser positivo e cultivar a esperança de que, apesar das limitações, posso viver uma vida com qualidade.

No início de 2023, decidi passar por um tratamento específico em um centro de neurologia que o Alexandre encontrou para mim em Miami, nos Estados Unidos. A cura da doença não existe ainda, mas o tratamento ao qual fui submetido poderia abrandar alguns dos sintomas da minha doença. Não foi fácil aguentar as três semanas que passei por lá. Eles avaliaram minha capacidade respiratória e motora, fiz exercícios de reabilitação e até de escrita para ver se conseguia escrever em linha reta, e também examinaram o movimento dos meus olhos. Alguns dos exames e tratamentos eram bem desconfortáveis fisicamente. Apesar de todo o esforço – da equipe médica e dos meus familiares, que me acompanharam – e de todos terem reconhecido alguma melhora, não senti que progredi ao final daquele período.

Voltei para casa chateado por não ter resultados positivos. A verdade é que a doença está avançando cada dia um pouco mais. Não tem jeito. Talvez a pior parte, para mim, seja notar que a minha mente está, no geral, intacta, mas que o meu corpo está enfraquecendo. Sinto que a minha cabeça funciona bem para macrorraciocínios, mas mal para microrraciocínios. Aquilo que antes era corriqueiro, como o ato de falar ou de sentir cheiros, se tornou desafiador ou difícil de alcançar na plenitude.

Conversando sobre a minha doença com uma pessoa da Federação Espírita do Estado de São Paulo, falamos sobre carma ("karma", em sânscrito). A Lei do Carma, originária do hinduísmo e budismo e posteriormente adotada pelo espiritismo, explica que todo efeito tem uma causa correspondente. Ou seja, para toda ação há uma reação. É comum associarmos carma com castigo, mas não vejo assim. Embora eu sofra as consequências físicas e emocionais do parkinsonismo, acredito que existe uma razão para

"POR MAIS DOLOROSO QUE SEJA, NÃO É UM CASTIGO, MAS, SIM, UMA FORMA DE ENXERGAR ASPECTOS EM QUE EU, PROVAVELMENTE, NÃO PRESTARIA ATENÇÃO."

eu passar por isso. Conviver com essa doença, por mais doloroso que seja, não é um castigo, mas, sim, uma forma de enxergar aspectos em que sem ela eu, provavelmente, não prestaria atenção. A atividade filantrópica talvez seja a maior expressão disso. Hoje me dedico à filantropia porque sei o quanto a solidariedade pode fazer diferença na vida das pessoas – inclusive na minha. Talvez a frustração que eu sinta possa ser compensada – pelo menos, em parte – com atitudes que ajudem o próximo.

"POR ISSO, MEUS QUERIDOS, ESCOLHAM, TODOS OS DIAS, VIVER A VIDA! APESAR DAS DORES, ELA VALE A PENA. UM ABRAÇO E UM BEIJO, ANDERSON."

Produção editorial e distribuição:

Copyright © 2023 by Anderson Birman
1ª edição: Outubro 2023
Todos os direitos desta edição são reservados à CDG Edições e Publicações
O conteúdo desta obra é de total responsabilidade do autor
e não reflete necessariamente a opinião da editora.

Redação: **Atelier de Conteúdo (Ariane Abdallah e Mariana Meyer)**

Para conhecer os nossos próximos lançamentos
e títulos disponíveis, acesse:

www.citadel.com.br
Facebook: **/citadeleditora**
Instagram: **@citadeleditora**
Twitter: **@citadeleditora**
Youtube: **Citadel - Grupo Editorial**

Para mais informações ou dúvidas sobre a obra,
entre em contato conosco por e-mail:

contato@citadel.com.br